# Paganismo atemporal

*Tradiciones antiguas, misterios modernos - Una exploración en profundidad de la magia nórdica, los ritmos celtas y otras prácticas paganas*

© Copyright 2025

Todos los derechos reservados. Ninguna parte de este libro puede ser reproducida de ninguna forma sin el permiso escrito del autor. Los revisores pueden citar breves pasajes en las reseñas.

Descargo de responsabilidad: Ninguna parte de esta publicación puede ser reproducida o transmitida de ninguna forma o por ningún medio, mecánico o electrónico, incluyendo fotocopias o grabaciones, o por ningún sistema de almacenamiento y recuperación de información, o transmitida por correo electrónico sin permiso escrito del editor.

Si bien se ha hecho todo lo posible por verificar la información proporcionada en esta publicación, ni el autor ni el editor asumen responsabilidad alguna por los errores, omisiones o interpretaciones contrarias al tema aquí tratado.

Este libro es solo para fines de entretenimiento. Las opiniones expresadas son únicamente las del autor y no deben tomarse como instrucciones u órdenes de expertos. El lector es responsable de sus propias acciones.

La adhesión a todas las leyes y regulaciones aplicables, incluyendo las leyes internacionales, federales, estatales y locales que rigen la concesión de licencias profesionales, las prácticas comerciales, la publicidad y todos los demás aspectos de la realización de negocios en los EE. UU., Canadá, Reino Unido o cualquier otra jurisdicción es responsabilidad exclusiva del comprador o del lector.

Ni el autor ni el editor asumen responsabilidad alguna en nombre del comprador o lector de estos materiales. Cualquier desaire percibido de cualquier individuo u organización es puramente involuntario.

# Su regalo gratuito

¡Gracias por descargar este libro! Si desea aprender más acerca de varios temas de espiritualidad, entonces únase a la comunidad de Mari Silva y obtenga el MP3 de meditación guiada para despertar su tercer ojo. Este MP3 de meditación guiada está diseñado para abrir y fortalecer el tercer ojo para que pueda experimentar un estado superior de conciencia.

https://livetolearn.lpages.co/mari-silva-third-eye-meditation-mp3-spanish/

## ¡O escanee el código QR!

# Índice

**PRIMERA PARTE: PAGANISMO PARA PRINCIPIANTES** .................................. 1
  INTRODUCCIÓN ........................................................................................... 3
  CAPÍTULO 1: ¿QUÉ ES EL PAGANISMO? ............................................... 5
  CAPÍTULO 2: PAGANISMO CELTA Y DRUIDISMO ............................ 17
  CAPÍTULO 3: ASATRU, EL PAGANISMO NÓRDICO ........................ 28
  CAPÍTULO 4: PAGANISMO GERMÁNICO ........................................... 41
  CAPÍTULO 5: PAGANISMO ESLAVO ..................................................... 53
  CAPÍTULO 6: POLITEÍSMO GRIEGO ...................................................... 64
  CAPÍTULO 7: WICCA, UNA VISIÓN NEOPAGANA ........................... 76
  CAPÍTULO 8: APLICACIÓN DE CREENCIAS PAGANAS EN LA VIDA DIARIA ............................................................................................... 88
  APÉNDICE: RUEDA DEL AÑO DE A A Z. ............................................. 98
  CONCLUSIÓN ............................................................................................ 105
**SEGUNDA PARTE: PAGANISMO NÓRDICO** ....................................... 107
  INTRODUCCIÓN ....................................................................................... 109
  CAPÍTULO 1: PAGANISMO 101 .............................................................. 111
  CAPÍTULO 2: RELIGIÓN NÓRDICA: ANTIGUA Y MODERNA ...... 122
  CAPÍTULO 3: LA RELIGIÓN ÁSATRÚ ................................................. 134
  CAPÍTULO 4: EL ALMA Y EL MÁS ALLÁ ........................................... 144
  CAPÍTULO 5: FYLGJA: ENCONTRAR A SU GUARDIÁN ................ 152
  CAPÍTULO 6: LA MAGIA DE SEIDR ..................................................... 163
  CAPÍTULO 7: ÚTISETA: SENTARSE FUERA, BUSCAR DENTRO ...................................................................................................... 173

- CAPÍTULO 8: MAGIA RÚNICA Y ADIVINACIÓN .................................. 182
- CAPÍTULO 9: RUNAS LIGADAS Y SIGILOS ..................................... 193
- CAPÍTULO 10: STADHAGALDR: YOGA RÚNICO .............................. 201
- GLOSARIO DE TÉRMINOS ................................................................ 211
- CONCLUSIÓN ...................................................................................... 216
- VEA MÁS LIBROS ESCRITOS POR MARI SILVA........................................ 218
- SU REGALO GRATUITO ............................................................................ 219
- REFERENCIAS ........................................................................................... 220
- FUENTES DE IMAGENES ......................................................................... 231

# Primera Parte: Paganismo para principiantes

*Una guía esencial de las prácticas paganas celtas, nórdicas, eslavas, germánicas, griegas y la Rueda del Año*

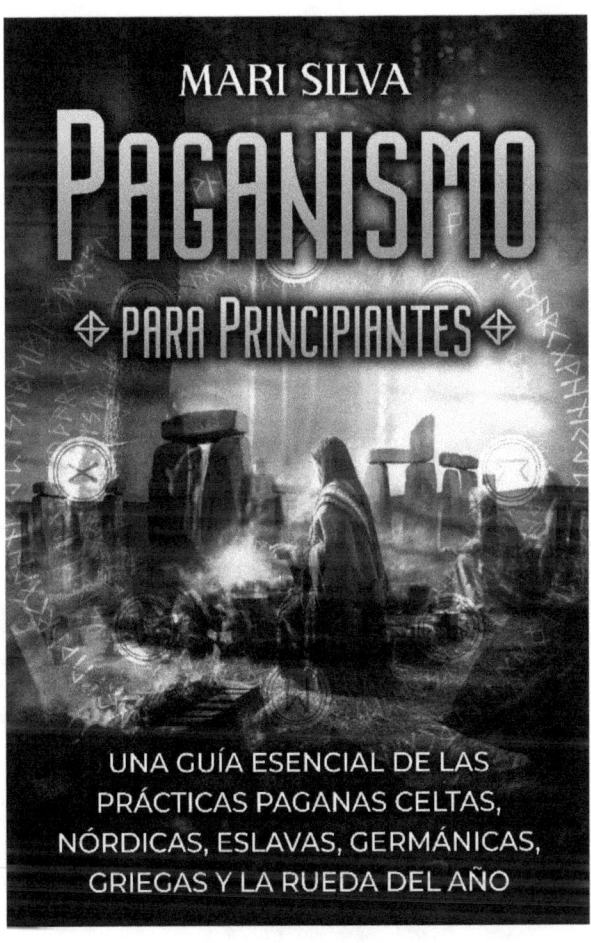

# Introducción

¿Qué es el paganismo? ¿Es una religión antigua o una práctica moderna? ¿Existe hoy en día? ¿Cómo se ve actualmente? Estas son algunas de las preguntas que se escuchan sobre el paganismo a medida que crece el interés en esta tradición de larga data. Muchos se sienten atraídos por la idea de honrar a la naturaleza y rendir homenaje a las deidades generalmente olvidadas por la sociedad moderna. Sin embargo, con las diversas culturas que se unen para compartir sus conocimientos en el siglo XXI, puede ser difícil determinar los componentes específicos de las tradiciones paganas.

Cada creencia conforma su marco único, desde la Wicca hasta el asatru y otras prácticas que han influido en el mundo actual. Explorar el paganismo brinda muchas oportunidades para la autorreflexión y la comprensión de culturas antiguas y prácticas modernas que continúan fascinando a los académicos de todo el mundo. Este libro lo ayudará a explorar la historia y la práctica de estas religiones, desmitificándolas y brindando consejos prácticos para usar el paganismo en su vida cotidiana.

El paganismo es un término general que abarca una amplia variedad de creencias y prácticas espirituales, desde la Wicca y el druidismo hasta el Asatru y el panteísmo. Estas religiones se basan en tradiciones arraigadas en la naturaleza que se han practicado desde antes de la historia registrada. Cada uno presenta rituales, símbolos, prácticas y formas de vivir en armonía con el mundo natural.

Este libro proporciona una descripción general fácil de entender de las diversas formas de paganismo para tomar una decisión más informada sobre el camino correcto para usted. No importa cuál sea su nivel de conocimiento o experiencia con estas prácticas, este libro le dará todo lo necesario para comenzar su viaje personal hacia el paganismo. El libro le ofrece todos los recursos necesarios, desde la comprensión de conceptos básicos y el descubrimiento de sus raíces hasta la exploración de los rituales realizados por los neopaganos.

Este esclarecedor libro profundiza en varias culturas paganas, proporcionando una mirada intrigante a cada perspectiva. Usted será guiado con hechos e historias interesante de las prácticas religiosas, como la Wicca o las doctrinas de los celtas-druidas. Además, los lectores obtendrán también una mayor comprensión de las culturas paganas Asatru, eslavas y germánicas con detalles sobre sus respectivos rituales, fiestas, supersticiones y espiritualidad. Si bien este libro es perfecto para cualquiera que desee aprender sobre la cultura pagana o comparar múltiples culturas, es invaluable para aquellos neopaganos experimentados que deseen más información sobre sus creencias y las de los demás.

Si recién está comenzando su búsqueda espiritual o está buscando una introducción al fascinante mundo del paganismo, "Paganismo para principiantes" es la opción perfecta. El libro contiene todo lo necesario, desde información básica sobre esta antigua práctica hasta relatos detallados de poderosos rituales para profundizar la conexión espiritual. Presenta un lenguaje de fácil comprensión, por lo que incluso los principiantes pueden comenzar rápidamente sin problemas. No espere más. Comience su viaje ahora.

# Capítulo 1: ¿Qué es el paganismo?

Intuitivamente, el paganismo a menudo se malinterpreta como un sistema de creencias extrañas para muchas personas. Este capítulo explora con mayor detalle lo que implica el paganismo, quiénes eran los paganos y cómo los neopaganos han interpretado estas creencias en la actualidad. Si bien los antiguos conceptos paganos se vinculan regularmente con la naturaleza y sus poderosas deidades, también incorporaron festivales especiales en sus tradiciones y rituales, que marcan el cambio de estaciones durante todo el año. Los principios paganos enseñaban valiosas lecciones de vida, como la moralidad o comportamiento ético y la espiritualidad de adoración, y también alentaban a las personas a conectarse con un propósito de vida más profundo.

Los paganos tenían rituales para el cambio de estaciones[1]

# Paganismo

El paganismo es un término general para describir una amplia gama de creencias y prácticas espirituales y religiosas basadas en tradiciones precristianas. Por lo general, es politeísta, lo que significa que adoran a múltiples dioses o diosas. El paganismo abarca varios sistemas de creencias modernos y antiguos, incluidos los basados en la mitología, el folclore, el misticismo y el chamanismo. Estas creencias son animistas: ven a la naturaleza como viva y con su propio espíritu.

El paganismo se basa en una reverencia por la naturaleza y un respeto por la interconexión entre todos los seres vivos. Enfatiza la responsabilidad personal, el equilibrio entre los ámbitos físico y espiritual, el respeto por la sabiduría de los ancianos y la apertura para aprender cosas nuevas. Los paganos creen que la divinidad existe en todos los aspectos de la vida, no solo en las deidades, sino también en las personas, animales, objetos, lugares y plantas.

El paganismo tiene una rica historia en muchas culturas de todo el mundo. Se puede ver en la antigua religión griega, la mitología nórdica, el paganismo celta, el paganismo eslavo de Europa del Este, el paganismo báltico y en la espiritualidad de los nativos americanos. Ha ido ganando cada vez más fuerza en la sociedad moderna a medida que más personas buscan reconectarse con sus raíces ancestrales a través de prácticas espirituales alternativas.

Las creencias paganas fundamentales incluyen:

- Respeto por la naturaleza y el medio ambiente
- Reverencia por los antepasados
- Interconexión de todas las vidas
- Equilibrio entre cuerpo, mente y espíritu
- Rituales para mantenerse conectado con el ser interior divino
- Creencia en la magia
- Invocación de deidades
- Uso del simbolismo como medio de comunicación con lo divino
- Honra a los aspectos masculinos y femeninos de la divinidad (duoteísmo)

- Un sistema relacionado con los sentidos en lugar de doctrina o dogma
- Intencionalidad en lugar de reglas predeterminadas

Los paganos a menudo practican su fe a través de ceremonias, como la "unión de manos" (ceremonias de matrimonio), "sabbats" (festivales estacionales) o "esbats" (rituales lunares). Las herramientas comunes utilizadas durante estas ceremonias incluyen velas, hierbas, piedras y otros artículos de la naturaleza. No hay una "forma correcta" de practicar el paganismo, ya que cada individuo tiene su propia interpretación de lo que significa.

## Creencias paganas

Los paganos de antaño eran politeístas. Creían en múltiples dioses y diosas que habitaban el mundo natural. Creían que estos dioses y diosas eran responsables de los diversos aspectos de la vida, como la fertilidad, la muerte, la guerra, el amor y la justicia. Los paganos se veían a sí mismos conectados con sus dioses y diosas a través de una relación compartida entre los reinos divino y terrenal.

Los paganos respetaban profundamente el mundo natural, creían que todas las partes de la naturaleza, árboles, ríos, montañas y animales, estaban vivas con energía espiritual. Esta energía espiritual era vista como un conjunto de fuerzas divinas que trabajaban en el medio ambiente y entre todos los seres vivos. Los paganos a menudo celebraban rituales y ofrendas en lugares sagrados durante todo el año para honrar estas energías espirituales.

Además, algunos paganos creían en la reencarnación o el renacimiento después de la muerte en función de las acciones de una persona durante su vida. Esta creencia en el karma significaba que una persona sería recompensada o castigada dependiendo de cómo viviera su vida. Los paganos mantenían varios principios de moralidad, como honrar a los antepasados y respetar los ciclos de la naturaleza. Para ellos, la moralidad era esencial para mantener el equilibrio en el mundo.

# Pensamientos paganos sobre cosmología

Los pensamientos paganos sobre la creación o la cosmología varían mucho entre culturas. Sin embargo, todas las tradiciones paganas comparten un tema común: comprender la interconexión de toda la vida y la naturaleza cíclica de la existencia.

En la mitología griega, la creación comenzó con el Caos. Este vacío primordial estaba lleno de potencialidad, y de allí nacieron Gaia (Tierra), Tártaro (el inframundo), Eros (amor) y la Noche. Gaia dio a luz a Urano (cielo), y crearon a los Titanes y Cíclopes, que más tarde ayudarían a crear humanos a partir de arcilla. Esta idea de una pareja divina creando todo influyó enormemente en la antigua cultura griega, y formó la base de mucha mitología y arte.

El Panteón Nórdico consta de varios dioses, incluidos Odín y Thor, responsables de dar forma a su mundo en la creación. Según la cosmología nórdica, este mundo se creó cuando Ymir, un gigante, emergió de las aguas heladas de Ginnungagap. Los dioses construyeron Midgard (Tierra) a partir de partes de su cuerpo mientras su sangre se convertía en océanos, su cerebro creaba nubes y su cráneo formaba el cielo. Además, estos dioses son responsables de controlar el destino, lo que se puede ver en las historias de Ragnarok, donde luchan contra gigantes para restaurar el orden en el universo.

En la Wicca, la creación es parte de un ciclo eterno reflejado en su versión de la Rueda del Año: ocho festivales que marcan los principales eventos a lo largo de cada temporada, como Samhain o Mabon. Estas celebraciones son un recordatorio de que la vida no es lineal, sino que se mueve en ciclos y el círculo se completa cada año; las personas experimentan la muerte para que una nueva vida pueda volver a nacer. La Wicca ve la vida como energía sagrada que existe dentro de todo, incluidas las plantas, los animales y las rocas, por eso que creen que es importante respetar todas las formas de vida viviendo en equilibrio con la naturaleza en vez de tratar de controlarla a través de la tecnología o la ciencia.

El druidismo es otra forma de paganismo que se centra en la espiritualidad sobre la teología, pero aún tiene una visión única sobre la creación o la cosmología. Un ejemplo está en su versión de la Tríada, los tres elementos que componen la existencia: fuego, agua y aire, respectivamente, que representan la pasión y la inspiración (fuego), la creatividad (agua) y el poder (aire). Estos tres elementos trabajan juntos en armonía para crear equilibrio en la vida. Los druidas se centran en gran medida en prácticas rituales como la meditación o el canto para mantener estas energías alineadas dentro de sí y comprender mejor su lugar en el universo.

Las creencias paganas sobre la creación o la cosmología varían mucho entre culturas, pero generalmente implican un profundo respeto por los ciclos dentro de la naturaleza o las conexiones entre los seres divinos que dan forma a la realidad. Ya sea que el Caos dé a luz a Gaia o que Ymir sea utilizado como base para Midgard por Odín y Thor, siempre hay un entendimiento de que la vida es frágil. Sin embargo, está en constante evolución debido a fuerzas poderosas más allá de la comprensión humana que deben equilibrarse si se quiere que exista paz y armonía dentro de uno mismo y en el medio ambiente.

## Deidades paganas

Las deidades paganas son dioses y diosas, a menudo politeístas, adorados por los seguidores del paganismo. Estas deidades a menudo representan fuerzas naturales, como el Sol y la Luna, la fertilidad, el amor, la muerte y la destrucción. Estas deidades eran muy veneradas en las sociedades antiguas que se extendían desde Europa hasta Asia Menor.

Ejemplos de deidades paganas incluyen:

- El panteón griego de dioses y diosas como Zeus, Atenea, Apolo y Afrodita
- Dioses nórdicos como Odín, Thor y Freya
- Dioses celtas como Lugh y Brígida
- Figuras druidas como Cerridwen
- Dioses hindúes como Shiva y Vishnu
- Deidades egipcias antiguas como Isis y Horus
- Dioses mesopotámicos como Marduk e Ishtar
- Dioses persas como Ahura, Mazda y Mitra
- Deidades eslavas como Perún y Veles.

Los antiguos griegos creían que su panteón de doce dioses olímpicos era responsable de todos los aspectos de la vida, desde lo mundano hasta lo extraordinario. Controlaban el clima, determinaban los acontecimientos políticos e inspiraban grandes hazañas de coraje en los campos de batalla.

Los principales dioses griegos incluían:
- Zeus (rey de los dioses)
- Poseidón (dios del mar)
- Hades (dios del inframundo)
- Hera (reina del Olimpo)
- Apolo (dios de la luz)
- Hermes (dios mensajero)
- Afrodita (diosa del amor)
- Hestia (diosa del hogar)
- Afina (la diosa de la sabiduría)
- Ares (dios de la guerra)
- Deméter (diosa de la cosecha)
- Artemisa (diosa de la caza).

En la mitología nórdica, Odín es considerado el Padre absoluto o "el Dios Padre", mientras que Thor es considerado como "el Tronador" o dios asociado con las tormentas eléctricas. Otros dioses nórdicos importantes son Freyja, una diosa de la fertilidad asociada con la magia y el culto a la naturaleza, y Balder, conocido como "el dios brillante" debido a su belleza y bondad. Freyja se asocia con ritos y rituales de fertilidad que incluyen los "seidr", una antigua magia chamánica practicada en el norte de Europa mucho antes de que el cristianismo echara raíces.

Los celtas adoraban a numerosos dioses, incluido Dian Cecht, conocido por la curación y las artes, y Lugh, un poderoso dios del Sol asociado con la protección y la justicia. Los espíritus ancestrales eran tenidos en alta estima por los paganos celtas. Los druidas creían que eran mensajeros entre este mundo y el otro mundo, donde interactuaban con guías espirituales o antepasados cuando buscaban guía. Brígida era una diosa poderosa asociada con el fuego, la poesía, la escritura y la metalurgia. Cernunnos era una de las deidades más populares entre los druidas y se asociaba con los animales y los ritos de fertilidad.

En el hinduismo hay numerosos dioses. Todos representan diferentes aspectos. Los tres principales son Brahma, dios creador; Vishnu, dios protector; y Shiva, dios destructor. El concepto de trinidad proviene de estos tres dioses principales que representan diferentes aspectos de la creación, la preservación y la destrucción. Muchos otros dioses hindúes incluyen:

- Ganesha, un señor con cabeza de elefante que elimina obstáculos
- Kali, o Parvati, tiene múltiples formas dependiendo de la región en la que se la adora
- Lakshmi, diosa de la riqueza y la abundancia
- Saraswati, diosa de la música, el conocimiento, el arte y la educación

Los antiguos egipcios tenían muchos dioses que representaban las fuerzas naturales. Los faraones eran vistos como manifestaciones de varias entidades divinas: Horus, el dios cielo; Ra, la deidad solar; Isis, la diosa de la maternidad y la magia; y Osiris, el dios de la muerte y el más allá.

La mitología eslava tiene varios dioses primarios, casi todos representados por árboles: Perún, el dios de la tormenta eléctrica; Jarilo, el dios guerrero de la primavera; Kupala, el dios doncella del agua; Morana, la diosa del invierno; Veles, el gobernante del inframundo; Stribog, el señor del viento; Dazbog, el conductor del carro del Sol; y Radegast, el señor de la hospitalidad.

## Importancia de la naturaleza

La naturaleza era extremadamente importante para los paganos porque simbolizaba el poder sagrado y divino de la vida. Para los paganos, la naturaleza era considerada una entidad viviente infundida de energía espiritual. Por lo tanto, al participar en rituales y ceremonias dentro de la naturaleza, podrían aprovechar este poder espiritual y usarlo para traer equilibrio y armonía a sus vidas. Los paganos consideraban la naturaleza como una encarnación de los dioses, diosas y otras deidades que adoraban. Celebraban festivales durante todo el año para honrar a las deidades y rendirles homenaje de acuerdo con los ciclos naturales de la vida.

Además de su significado espiritual para los paganos, la naturaleza era una fuente de necesidades prácticas, como refugio, comida, medicina y ropa. Al confiar en la naturaleza para sobrevivir, los paganos desarrollaron un profundo respeto por ella. Además, las sociedades paganas se basaban en gran medida en la agricultura, lo que significa que sus medios de vida estaban inextricablemente vinculados a la generosidad de la naturaleza. Esta conexión fortaleció su reverencia por la naturaleza. Los ciclos de vida dentro de la naturaleza (nacimiento y muerte, crecimiento y decadencia) eran vistos como símbolos de transformación y renovación, sirviendo como recordatorios de que la vida es sagrada y debe ser respetada.

Por ejemplo, en la antigua Grecia, el dios Pan representaba todos los aspectos de la naturaleza a través de su conexión con los bosques y las selvas. Era conocido como el dios de la fertilidad, el pastoreo e incluso la música, simbolizando el poder de la naturaleza de proporcionar sustento y alegría. La naturaleza era una fuente de curación y transformación para dolencias físicas o necesidades espirituales. El oráculo griego de Delfos se basaba en elementos naturales, como árboles, manantiales de agua y humo de animales sacrificados, para obtener respuestas a las preguntas de quienes visitaban.

En la cultura nórdica, la naturaleza era esencial para comprender el mundo que los rodeaba. Los dioses a menudo se asociaban con ciertos elementos de la naturaleza: Odín con el viento (y la batalla), Thor con el trueno (y la protección) y Freya con la fertilidad (y el amor). Se vinculaba a las deidades con fuerzas específicas para explicar por qué sucedían ciertas cosas en sus vidas. Esto les ayudaba a comprender su entorno, incluidos los patrones climáticos impredecibles, las malas cosechas y las migraciones de animales.

La Wicca también reverencia la naturaleza. Creen que la naturaleza está conectada a la energía divina porque puede dar vida y quitarla si no se respeta adecuadamente. Realizan rituales dentro de entornos naturales como bosques o prados para honrar el espíritu de la Tierra mientras buscan orientación o protección. Los wiccanos usan plantas para hechizos y pociones mientras celebran importantes transiciones estacionales durante todo el año, conectándose espiritualmente con ciclos como los de los animales o las plantas.

Los druidas veneraban los árboles y los bosques, creyendo que tenían poderes curativos y podían comunicar mensajes entre ellos y sus dioses.

En general, para estas culturas paganas, la naturaleza proporciona una vía para comprender los misterios de la vida. Al observar los ciclos dentro de su inmensidad, podrían establecer conexiones entre sus creencias y las experiencias cotidianas más fácilmente de lo que las religiones modernas suelen permitir. La naturaleza era esencial para la supervivencia en tiempos difíciles. Ella podía proporcionar la esperanza de un mañana mejor y por eso era muy valorada por estas antiguas sociedades.

# Temporadas y festivales paganos

Los paganos celebraban los ciclos de las estaciones y el cambio de luz y oscuridad durante todo el año. Los festivales, o días santos, generalmente comenzaban al atardecer de la noche anterior y duraban varios días.

La Rueda del Año era un ciclo de ocho festivales conocidos como "sabbats". Cada uno marcaba un momento importante en el ciclo de la naturaleza y una celebración a ser celebrada.

Los sabbats eran:

- Imbolc (1 de febrero)
- Ostara (equinoccio de primavera, alrededor del 21 de marzo)
- Beltane (1 de mayo)
- Litha (solsticio de verano, alrededor del 21 de junio)
- Lammas (1 de agosto)
- Mabon (equinoccio de otoño, alrededor del 22 de septiembre)
- Samhain (1 de noviembre)
- Yule (solsticio de invierno, alrededor del 21 de diciembre)

Durante cada temporada, los paganos se reunían para rendir homenaje a sus dioses, agradecer a la Madre Naturaleza por su generosidad y honrar a sus antepasados que se habían ido antes que ellos.

En el Imbolc, los paganos celebraban el regreso de la luz después de la larga oscuridad del invierno. Se inicia con ceremonias de fuego, honrando a Brígida y encendiendo velas para indicar su fuerza. Cantaban bendiciones sobre las semillas que plantarían en el suelo primaveral, una forma simbólica de honrar los ciclos naturales.

Ostara marca el punto donde la noche y el día son iguales, conocido como equilibrio o armonía entre las energías de la luz y la oscuridad. Tradicionalmente se celebra con rituales que involucran huevos, símbolo de una nueva vida que emerge de la oscuridad. Muchos paganos se reúnen en círculo y comparten historias sobre nuevos comienzos mientras intercambian huevos de colores llenos de símbolos de buena fortuna.

En el Mabon, que marca el equinoccio de otoño cuando el día se convierte en noche de nuevo, los paganos reflexionan sobre lo lejos que han llegado desde la primera luz de la primavera. Ha llegado el momento de la cosecha, y es momento de deleitarse con frutas y verduras recién recolectadas. Es común hornear pan con granos cosechados durante este período o hacer ofrendas de manzanas, alimento asociado a la diosa de la fertilidad Deméter que preside las celebraciones del Mabon.

El Samhain marca el final del crecimiento y la abundancia del verano y el comienzo del largo frío del invierno. Los paganos honran a sus antepasados organizando rituales para ayudar a sus espíritus a encontrar la paz en ese plano y no quedarse entre los mortales más de lo necesario. Las personas preparan alimentos como pasteles de manzana o tubérculos asados como ofrendas a sus seres queridos fallecidos. Se pensaba que estas ofrendas nutrían a las almas cuando más lo necesitaban durante su viaje más allá del reino físico hacia el mundo de los espíritus.

## El neopaganismo y sus creencias modernas

El neopaganismo es un movimiento espiritual moderno que busca reconectarse con las antiguas creencias y prácticas de las religiones indígenas precristianas. Los neopaganos intentan revivir y recrear los rituales, sitios sagrados, dioses y diosas del viejo mundo. Se basan en muchas fuentes, incluida la evidencia arqueológica, las tradiciones populares y los textos históricos. Si bien muchos grupos neopaganos comparten algunas creencias básicas comunes, cada uno tiene costumbres y prácticas únicas.

El término "neopagano" fue utilizado por primera vez en la década de 1950 por George Russell en su libro "The Worship of Nature" (culto a la naturaleza), que buscaba reunir varios aspectos del paganismo. Desde entonces, varios grupos han buscado revivir la religión dentro de su contexto cultural. Los neopaganos adoptan varios sistemas de creencias, incluidos la Wicca, el druidismo, el chamanismo, el reconstruccionismo celta y el paganismo. A menudo practican celebraciones estacionales o lunares conocidas como sabbats o esbats para conectarlos con sus antepasados y ciclos de la naturaleza. Muchos neopaganos practican magia o hechizos para la curación o la protección, incluidos remedios herbales o hechizos que utilizan los cuatro elementos (tierra, aire, fuego y agua).

Los neopaganos se adhieren a un código ético basado en la conciencia de la interconexión entre las personas y todas las demás criaturas de la naturaleza (conocida como "la red de la vida"). Por lo tanto, muchos neopaganos buscan vivir en armonía con la naturaleza evitando actividades como la quema de combustibles fósiles o la caza excesiva de animales y participando en proyectos ecológicos como plantar árboles o limpiar playas. Los neopaganos están muy preocupados por los problemas ambientales, como el calentamiento global, la contaminación y la extinción de especies debido a la actividad humana.

Muchos grupos neopaganos enfatizan la importancia de construcción de una comunidad. Creen que es importante reunirse regularmente con amigos y familiares para celebrar su fe y disfrutar de la compañía del otro. Estas reuniones a menudo incluyen banquetes (incluidos platos vegetarianos), narración de cuentos, canto, baile, tambores, pintura, música, rituales, hogueras y otras actividades que celebran la vida en vez de enaltecer una deidad o evento en particular.

El hecho de que los neopaganos de hoy en día tengan creencias similares y lleven a cabo costumbres o prácticas similares a sus predecesores depende en gran medida de lo que consideran "predecesores". Por ejemplo, algunos wiccanos contemporáneos se basan en gran medida en la antigua tradición celta, mientras que otros se basan en el paganismo nórdico. Ambos difieren del hinduismo tradicional a pesar de tener algunos conceptos compartidos, como adorar a múltiples deidades o reverenciar los ciclos de la naturaleza. Del mismo modo, las diferentes ramas de los druidas tienen diferentes creencias sobre la vida después de la muerte. Por ejemplo, los hindúes podrían no considerar una vida después de la muerte (o tener diferentes puntos de vista, dependiendo de las sectas).

Muchas prácticas neopaganas contemporáneas se alinean perfectamente con las de la antigüedad.

- Honrar a varios dioses y diosas
- Lugares sagrados
- Veneración a los antepasados
- Festivales de temporada
- Tradiciones orales
- Objetos naturales utilizados ritualísticamente
- Meditación
- Adivinación
- Remedios herbales
- Sacrificio animal
- Ofrendas

- Danza salvaje
- Trances
- Tambor
- Canto
- Poesía
- Fabricación de máscaras

Además, muchos neopaganos se centran en gran medida en deidades específicas, como Odín, Freya, Brígida, Atenea y Apolo. Estos dioses a menudo tienen características específicas celebradas a través de observancias religiosas, comportamientos característicos, cantos consuetudinarios, mitologías, obras de arte, cuentos e historias y símbolos. Por supuesto, incluso entre aquellos que practican creencias similares, hay variaciones dependiendo de las preferencias individuales, la cultura, la sociedad y la región. Por lo tanto, cuando se discuten las similitudes entre los neopaganos modernos, siempre habrá diferencias entre individuos o grupos. Sin embargo, la mayoría de los neopaganos honran ciertos principios básicos, como el respeto por la naturaleza, el honor a los dioses femeninos y masculinos, el mantenimiento de una conexión con los antepasados y la celebración de los ciclos de vida y muerte.

# Capítulo 2: Paganismo celta y druidismo

Los términos "paganismo celta" y "druidismo" a menudo se usan indistintamente. Ambas creencias se originaron en países europeos similares, como Irlanda y Escocia, y compartían muchas similitudes. Sin embargo, no son lo mismo, y sus diferencias dan a cada creencia su propia identidad y características.

Este capítulo explica el druidismo y el paganismo celta, destaca sus diferencias y analiza los mitos, deidades, rituales y festivales celtas.

## Paganismo celta vs. druidismo

Los celtas eran un grupo de tribus de Europa central que compartían el mismo idioma, cultura, tradiciones y creencias religiosas. Curiosamente, los eruditos modernos se referían a ellos como "celtas", pero nadie sabe cómo se llamaban originalmente. Se cree que cada tribu tenía su propio nombre en lugar de tener un término general como los imperios griego o romano.

Practicaban el paganismo celta, una antigua religión politeísta que adoraba a más de una deidad y contaban con diferentes prácticas y creencias espirituales. Creían que sus dioses existían en todo lo que los rodeaba, por lo que veneraban mucho la naturaleza.

El druidismo era una religión chamánica originada en Gran Bretaña, particularmente en Gales. Implicaba comunicarse y trabajar con los espíritus y creer en el poder de la medicina holística para causar y tratar enfermedades. La religión formaba parte de la cultura celta, de ahí su asociación con el paganismo celta. Era una creencia religiosa y una práctica mágica.

Los druidas consideraban que los robles eran sagrados[a]

Los druidas eran sacerdotes celtas y líderes de la religión celta y el druidismo. La palabra *druida* se deriva de la palabra celta *doire*, que significa "roble" o "sabiduría". Los druidas consideraban que el roble era el más sagrado de todos los árboles.

Eran extremadamente sabios y conocedores y actuaban como jueces, filósofos, eruditos y médicos, conectando a las personas con sus deidades. Desempeñaban un papel muy importante en la sociedad celta; reyes y campesinos a menudo buscaban su sabiduría. Desafortunadamente, los druidas transmitieron sus enseñanzas oralmente y prohibieron a sus seguidores y estudiantes usar la palabra escrita. Como resultado, la mayoría de la información que los académicos tienen sobre el paganismo celta y los druidas es conocimiento de segunda mano.

Julio César invadió Gran Bretaña en el 55 a. C. Fue testigo en primera persona de los druidas y su influencia. En su libro, "The Gallic Wars" (De bello Gallico), mencionó que eran figuras clave en la fe celta, realizaban deberes religiosos, interpretaban todos los aspectos de la religión y eran muy respetados entre las personas que a menudo recurrían a ellos para resolver disputas. Incluso utilizaban su influencia para evitar guerras. Añadió que cuando una persona cometía un delito, los druidas tenían el poder de juzgar.

César también mencionó en su libro cómo los druidas instaron a sus miembros a memorizar todas sus enseñanzas y creencias religiosas en lugar de escribirlas porque no querían que su conocimiento se extendiera entre los plebeyos.

Los druidas eran tan poderosos e intocables que las leyes y reglas celtas no aplicaban para ellos. Por ejemplo, no tenían el deber de servir en el ejército ni pagar impuestos. Eran diferentes de los paganos celtas, de la misma manera que una persona común difiere de un sacerdote. Influían en la gente con su conocimiento y poder, y los paganos celtas buscaban su ayuda en todos los asuntos.

Ambas religiones creían en el más allá, adoraban múltiples deidades y honraban la naturaleza, por lo que la gente a menudo las confunde. El paganismo celta es un término amplio que describe a todos los paganos de la sociedad celta, incluidos los druidas. Sin embargo, el druidismo se refiere a un grupo de personas dentro de los celtas. En otras palabras, todos los druidas eran paganos celtas, pero no todos los paganos celtas eran druidas. El druidismo se centraba más en la naturaleza y la magia que en la mitología y la cosmología, que eran importantes en el paganismo celta.

Hoy en día, el druidismo es un camino espiritual y una forma de vida, pero algunas personas todavía lo tratan como una religión. Se convirtió en una creencia diversa que acogía a personas de todas las religiones, incluidos los paganos celtas. Sin embargo, no todos son politeístas. También pueden ser monoteístas (adorar a un dios), duoteístas (adorar a dos dioses), panteístas (creer que Dios es el universo) o animistas (creer que todo tiene un espíritu, incluidos los objetos inanimados). Sin embargo, una cosa que todos tienen en común es que la naturaleza es sagrada.

Los paganos neocélticos o el reconstruccionismo celta se basa en las antiguas creencias celtas y la incorporación de sus prácticas en la sociedad moderna. Al igual que sus antepasados, son politeístas y veneran la naturaleza. Está separado del neodruidismo, ya que cada religión tiene su propia identidad.

# El sistema de creencias celta y la espiritualidad

Los paganos celtas veneraban mucho la naturaleza, especialmente los árboles que consideraban sagrados, y adoraban a sus deidades en entornos naturales como acantilados, arbustos, ríos y lagos. Tenían en alta estima a la luna, las estrellas y el sol y los creían sobrenaturales. Consideraban sagrados a animales como caballos, toros, ciervos y jabalíes y, a menudo, los dibujaban en armaduras y armas para su protección.

Los paganos celtas adoraban a más de 400 dioses y diosas y apaciguaban a sus deidades ofreciéndoles su comida, bebidas, armas y objetos valiosos favoritos. A diferencia de las antiguas deidades romanas y griegas, no tenían características humanas. En otras palabras, no tenían debilidades, ni estaban influenciados por los deseos mundanos. Los celtas creían que las deidades controlaban el universo y la humanidad e influían enormemente en la vida cotidiana de las personas.

Dado que los celtas veneraban la naturaleza, asociaban a sus dioses y diosas con entornos y fenómenos naturales como el rayo y el sol. Muchas de sus deidades se presentaban como un trío que representaba tres aspectos de la divinidad. Por ejemplo, la diosa Matronae era una diosa triple asociada con la fertilidad, el poder y la fuerza.

Aunque tenían una deidad para todo, como la luna, el sol, la hospitalidad y el azar, el enfoque principal estaba en los dioses y diosas asociados a las principales preocupaciones de las personas, como la protección, la curación, la guerra, la caza y la identidad tribal.

Creían en seres sobrenaturales como elfos y hadas que, para ellos, existían en la naturaleza y eran criaturas muy poderosas. Podían ayudar y bendecir a la humanidad, pero si eran maltratados, revelarían su lado feo y causarían daño y enfermedad.

Los celtas creían en otra vida, lo que queda claro en sus rituales funerarios. Enterraban a la realeza y a los ricos con todas sus pertenencias, como comida, utensilios, cerámica, joyas, ropa, juegos de mesa, armaduras, armas y todo lo necesario para su viaje al inframundo. Sus líderes y personas prominentes en el estado eran enterrados en cámaras forradas de madera, vestidos con su mejor atuendo.

Aunque no se sabe mucho sobre su concepto de vida después de la muerte, los estudiosos creen que los celtas consideraban el otro mundo como lo mismo que esta vida, pero sin sus aspectos negativos como el dolor, el sufrimiento, la pérdida y las enfermedades. Como resultado, no temían a la muerte y la recibían con alegría. La cremación era común en el paganismo antiguo, concepto que tomaron prestado de las culturas mediterráneas.

## Mitos y cosmología

Comprender la cosmología de la religión celta, sus deidades y símbolos sagrados solo se puede hacer a través de mitos y leyendas. Al igual que muchas culturas antiguas, los celtas tenían una mitología rica y fascinante, y la gente todavía cuenta sus historias en Irlanda, Gales y varias partes de Europa.

### El viaje del rey Arturo a Annwn (El botín de Annwn)

Esta leyenda se basa en el poema "Preiddeu Annwn". Preiddeu significa "botín", y Annwn significa "inframundo". El rey Arturo llevó a sus hombres en tres barcos y viajó al inframundo para tomar un caldero que pertenecía al señor de Annwn. El caldero tenía poderes mágicos. Sólo herviría la comida de los valientes, no la de los cobardes.

Arturo llegó a Caer Sidi, el fuerte del otro mundo o la fortaleza de las hadas. Encontró el caldero en una cueva sobre un fuego con nueve doncellas respirando sobre él para mantenerlo ardiendo.

El poema es muy misterioso y oscuro. Una frase resonaba en varias estrofas, "Excepto siete, ninguno regresó", indicaba que solo Arturo y seis de sus hombres sobrevivieron a este desastroso viaje. Sin embargo, regresó victorioso con el caldero.

Curiosamente, el poema no solo refleja la valentía de Arturo y su capacidad para sobrevivir al viaje al inframundo, sino que también destaca la importancia del caldero en la mitología celta. Uno de los calderos más famosos pertenecía a Cerridwen, una mítica bruja celta y diosa de la inspiración. Lo usaba para hacer pociones mágicas que otorgaban sabiduría y conocimiento a quien las bebía. Este caldero podría resucitar a los muertos.

El caldero de Cerridwen apareció en otra leyenda con Bran el Bendito, el gigante rey de Gales. Se lo dio a su hermana Branwen y a su marido Math, el rey de Irlanda, como regalo de boda. Sin embargo, cuando estalló la guerra entre Gales e Irlanda, Bran decidió recuperar el caldero. La historia compartía muchas similitudes con la leyenda del rey Arturo. Bran también emprendió el viaje con algunos de sus caballeros más valientes, pero solo siete sobrevivieron. Murió en batalla y fue al inframundo como el rey Arturo en la Búsqueda del Santo Grial, que fue a

Avalon después de su muerte. Algunos estudiosos creen que el caldero de Cerridwen es el Santo Grial que el rey Arturo buscó toda su vida.

## La leyenda de los Tuatha Dé Danann

Los Tuatha Dé Danann eran las tribus de dioses en la cosmología celta. Antes de llegar a Irlanda, un grupo de gigantes llamados Firbolgs gobernaban la tierra. Los Firbolgs se sorprendieron por la llegada de los Tuatha Dé Danann y no estaban preparados para la batalla, lo que facilitó que los dioses los vencieran y gobernaran Irlanda. Su rey Nuada, el dios de la caza, resultó gravemente herido durante la batalla y perdió su brazo. Era incapaz de gobernar de esta manera porque, de acuerdo con las leyes de Tuatha Dé Danann, el rey debería estar en perfecto estado de salud y forma.

Aunque los otros dioses lo amaban y respetaban, Nuada no tuvo más remedio que renunciar al trono. Nombró a Breas para que ocupara su lugar, pero permaneció solo durante siete años hasta que Nuada encontró una manera de restaurar su brazo. La madre de Breas era de los Tuatha Dé Danann, pero su padre pertenecía a los fomorianos, un grupo de gigantes monstruosos. Breas era un rey vicioso e injusto que favoreció a los fomorianos sobre los Tuatha Dé Danann durante su gobierno.

Creidhne, el dios de los trabajadores metalúrgicos, logró crear una mano de plata para Nuada. El rey regresó a su reino y recuperó su trono. Aunque Breas sabía que su posición era temporal, se enojó al tener que renunciar al trono. Sin embargo, la gente se regocijó porque lo odiaban y amaban a Nuada. Breas fue a buscar a Balor, líder de los fomorianos, para sembrar las semillas de la guerra entre ambas tribus. Balor accedió a luchar contra los dioses. Algunos de los Firbolgs se unieron a ellos, ya que querían vengarse de los Tuatha Dé Danann por tomar su reino. Aunque tenía un solo ojo, Balor era un gigante muy fuerte y cruel. Luchó duro en la batalla y mató a muchos de los Tuatha Dé Danann, incluido su rey Nuada.

Lugh, el dios de la justicia, la nobleza y el sol, era una deidad poderosa y honorable y era nieto de Balor. Aunque era medio fomoriano por parte de su madre, no se parecía en nada a Breas. Nuada confió en él y lo eligió para dirigir el ejército. Lugh demostró ser un gran líder. Utilizó su magia para fortalecer al ejército y les proporcionó armas.

Cuando Lugh se enteró en el campo de batalla de que su abuelo había matado a Nuada, se mostró inflexible en vengar a su rey. Mató a Balor y trajo la victoria a los Tuatha Dé Danann.

Lugh se convirtió en un héroe y fue elegido para gobernar a los Tuatha Dé Danann. Fue un rey justo, valiente y sabio. Utilizó su parentesco con los fomorianos para establecer la paz entre las dos razas.

# Los principales dioses y diosas en el paganismo celta

### Lugh

Lugh era el dios del juicio, los juramentos y la nobleza y una de las deidades más populares y fuertes del paganismo celta. Tenía muchos títulos, pero el más famoso era Lámfada, que significa "del brazo largo". Se refería a la lanza mágica y poderosa que a menudo usaba en el campo de batalla. Era un rey, juez y poeta conocido por sus muchas habilidades. El dios era responsable de distribuir talentos entre la humanidad. César lo mencionó en sus libros como uno de los dioses más prominentes en el paganismo celta y muy venerado entre la gente.

Curiosamente, Lugh era una deidad tramposa que robaba, engañaba y mentía para derrotar a sus oponentes.

Cuando Lugh quiso unirse a la corte de Nuada, recorrió un largo camino para llegar a Tara, la sala de los reyes. Cuando pidió entrar, el guardia le dijo que debía tener una habilidad única para ser permitido en la corte. Lugh le mostró sus muchas habilidades como poeta, herrero, carretero y muchos otros. Sin embargo, el guardia le dijo que ya tenían a alguien con ese talento en particular. Lugh usó su ingenio y le dijo al guardia que no tenían un campeón con todas estas habilidades. El guardia se dio cuenta de que Lugh tenía razón y lo dejó entrar a la corte. Fue en la corte donde se probó a sí mismo e impresionó a Nuada, convirtiéndose en el líder de su ejército.

### Las Morrigan

Morrigan (o *Morrigu*) era la diosa del destino, las batallas, las guerras y la muerte. Apoyó a los héroes y dioses celtas, ayudó a los Tuatha Dé Danann en la batalla y profetizó su victoria contra los fomorianos. Podía transformarse en una bella mujer para atraer a los hombres o en un cuervo y volar sobre los campos de batalla. Se cree que si se le aparecía a un guerrero en el agua mientras este lavaba su armadura, él moriría ese mismo día en batalla. Tenía el poder de decidir quién vivía y quién moría durante una guerra.

Según algunas leyendas, era una diosa triple. Nemain, Macha y Badb eran tres diosas llamadas Morrigan. Sin embargo, en otras leyendas, estas tres eran sus hermanas.

Uno de los mitos más famosos asociados a Morrigan es su historia con Cu Chulainn, un poderoso guerrero, hijo de Lugh. Cu Chulainn estaba en guerra con la reina Maeve, protegiendo la ciudad irlandesa de Ulster del ejército de la reina. Morrigan, que siempre estaba presente en los campos de batalla, se enamoró del joven guerrero al verlo por primera vez. Ella se transformó en una bella mujer para seducirlo antes de la batalla, pero él rechazó sus insinuaciones.

Morrigan estaba furiosa y juró venganza contra el hombre que le rompió el corazón. Por esto, se transformó en anguila, nadó hacia Cu Chulainn y lo atacó. Sin embargo, el fuerte guerrero golpeó a la anguila, sin saber que era la diosa, y la lastimó gravemente. Ella se recuperó rápidamente, se transformó en lobo y condujo una manada de reses hasta Cu Chulainn. Este golpeó a la mujer en el ojo con una honda y la dejó ciega.

La decidida diosa se transformó de nuevo en una vaca y condujo una manada de vacas en estampida contra el joven guerrero. Este sobrevivió al ataque y le rompió una pierna a Morrigan. Cu Chulainn finalmente fue a la batalla y ganó.

De camino a casa, vio a una anciana ordeñando una vaca. Tenía una pierna rota y estaba ciega de un ojo. Conversó con ella, y ella le ofreció un vaso de leche. Después de beber la leche, bendijo a la mujer, y esto curó todas sus heridas. La mujer era Morrigan, que engañó a Cu Chulainn para que la curara.

En su camino a otra batalla, vio a una mujer lavando una armadura ensangrentada, considerado un mal presagio. Sin embargo, no dejó que la imagen lo disuadiera y continuó su viaje a la batalla.

Desafortunadamente, el valiente héroe resultó herido de muerte, pero logró atarse erguido a una gran piedra para asustar a sus enemigos. Mientras tomaba su último aliento, un cuervo aterrizó sobre su hombro. ¿Era Morrigan? Nadie lo sabe.

### Dagda

Dagda era el jefe Tuatha dé Danann y la deidad paterna de Irlanda. Era el dios del druidismo, la magia, la fertilidad, la agricultura, las estaciones, el conocimiento, la vida y la muerte. Los druidas le rendían mucho homenaje, ya que les otorgaba sabiduría y conocimiento de la magia. Era la más poderosa y hábil de todas las deidades celtas, y su nombre significaba "dios bueno".

A menudo se le representaba llevando un palo en una mano que podía acabar o resucitar la vida de una persona y un caldero mágico sobre su hombro que contenía un suministro interminable de alimentos. También llevaba un arpa que usaba para cambiar las estaciones.

Dagda era el marido de Morrigan y el hermano de Nuada. Fue herido de muerte por Cethlenn, esposa de Balor, durante la batalla contra los fomorianos.

### Brigit

Brigit (también llamada *Brigid, Brid, Brighit, Brigantia, Brígida*, etc.) era la hija de Dagda y la diosa de la vida, la fertilidad, la maternidad, la pasión, el fuego, el agua, la serenidad y la primavera. Estaba asociada con la poesía y la curación. Al igual que Morrigan, era una diosa triple, junto a otras dos diosas también llamadas Brigit. Su nombre significaba "la exaltada". A menudo se la compara con la santa católica Brígida, ya que ambas tienen cosas en común más allá del nombre. Los antiguos y modernos paganos celtas celebran a la diosa durante el festival Imbolc en febrero. Inspiraba a poetas y escritores y protegía a los recién nacidos y a sus madres.

Durante la batalla entre los Tuatha dé Danann y los fomorianos, Brigit perdió a su padre y a su hijo Ruadán. Cuando se enteró de la noticia, corrió al campo de batalla y vio el cuerpo sin vida de su hijo. Su corazón estaba roto y se lamentó con un grito muy agudo en medio del lugar. Era la primera vez que alguien expresaba su dolor de esa manera, y todos en Irlanda sentían su dolor. Así es como el "keening" (forma de lamento vocal) se convirtió en una tradición entre las mujeres irlandesas al llorar a sus muertos.

### Cernunnos

Cernunnos era conocido como el dios de los cuernos, deidad de los lugares salvajes y las bestias, y el protector de los bosques. Gobernaba sobre la naturaleza y los animales y estaba asociado a la vegetación y la fertilidad. Era un dios misterioso, y poco se sabía sobre él.

Como resultado de su asociación con animales y bosques, Cernunnos llevó una vida incivilizada. Los animales eran sus sirvientes, y a menudo se lo representaba rodeado de serpientes, lobos y alces. Podía domesticar animales y reunir a depredadores y presas.

# Festivales celtas

El calendario celta se llama la Rueda del Año. Todos los festivales celtas se centraban en los cambios estacionales, ya que afectaban a la agricultura y la cosecha.

### Samhain (31 de octubre)

El Samhain celebraba el final del verano y la temporada de cosecha. Durante este tiempo, el velo entre el reino de los vivos y los muertos es débil, y los espíritus de los antepasados entran y salen con facilidad a este mundo. La gente a menudo colocaba un plato extra en la mesa de la cena para recordar y honrar a sus seres queridos fallecidos. Halloween y sus tradiciones fueron tomadas del Samhain.

### Yule (solsticio de invierno, 20-23 de diciembre)

El Yule tiene lugar en el día más corto del año y es un momento de renacimiento y renovación. La gente enciende velas y hogueras para celebrar el regreso del sol. Es similar a la Navidad e incluye decoraciones con árboles y muérdago.

### Imbolc (2 de febrero)

Este festival tiene lugar entre el invierno y la primavera y celebra a la diosa Brigit. También celebra el final del invierno y la llegada de la primavera. La gente encendía velas y las colocaba en cada habitación para representar el regreso del sol.

### Ostara (equinoccio de primavera, 20-23 de marzo)

Ostara representa nuevos comienzos y celebra la llegada de la primavera y el fin de las tinieblas. Es similar a la Pascua y comparte las mismas tradiciones, como decorar huevos.

### Bealtaine (1 de mayo)

Bealtaine celebra la primavera, el clima cálido y todos los regalos de la naturaleza. Durante este festival, las personas encienden hogueras para protegerse contra las fuerzas del mal y celebran bailando. Muchas parejas se casan en este día porque está asociado con la pasión y la lujuria.

### Solsticio de verano (20-23 de junio)

Este festival tiene lugar durante el día más largo del año, cuando la naturaleza es más fuerte. La gente celebra al aire libre, organiza fiestas, come comida deliciosa y enciende hogueras. Las hadas suelen estar activas durante este tiempo, por lo tanto, la gente les suele dejar ofrendas.

**Lughnasadh (1 de agosto)**

Este festival está asociado con el dios Lugh, quien organizaba fiestas y concursos para honrar a su madre adoptiva, Tailtiu, diosa del trabajo de parto y el nacimiento. Ella era responsable de limpiar los campos para que la humanidad pudiera cosechar sus plantas. Sin embargo, era un proceso muy difícil y murió. Lugh decidió honrarla con este festival. La gente lo celebraba encendiendo hogueras.

**Mabon (equinoccio de otoño del 20 al 23 de septiembre)**

El Mabon tiene lugar cuando el día es igual a la noche. Durante estos días, el sol se debilita en preparación para el invierno. La gente expresa su gratitud por la cosecha y todas las bendiciones de la naturaleza.

## Ritual sencillo para hacer en casa

Cree un altar de primavera en casa durante el Bealtaine para celebrar el festival. Puede usar el altar para orar durante todo el año.

**Instrucciones:**

1. Elija una habitación o un espacio pequeño lejos de las distracciones cotidianas.
2. Retire todo el polvo y limpie el área quemando salvia (queme un manojo de salvia y deje que el humo purifique el área).
3. Coloque un paño blanco sobre el altar.
4. Añada velas, flores frescas, estatuillas, símbolos o imágenes de su deidad celta favorita y símbolos de la naturaleza. Que sea sencillo.
5. Escriba sus intenciones para el resto del año en un pedazo de papel y déjelo en el altar.
6. Encienda una vela todos los días para energizar el altar y reafirmar sus intenciones.
7. No ignore su altar y manténgalo en buen estado.

**Descargo de responsabilidad:** Quemar salvia y velas trae riesgos de incendio, tenga precaución.

El paganismo celta es una religión rica y fascinante. Cada dios tiene una personalidad, poder y dominio diferentes. Se pueden aprender muchas cosas del druidismo y el paganismo celta, como respetar la naturaleza y los animales y creer que la humanidad no es superior, sino una sola junta a todas las demás creaciones.

# Capítulo 3: Asatru, el paganismo nórdico

El paganismo asatru es una práctica fascinante y misteriosa que ha existido desde antes de la era vikinga. Es la interpretación moderna de los antiguos sistemas de creencias nórdicos, mezclando prácticas espirituales con mitología, rituales y creencias éticas. Este capítulo profundiza en los detalles del paganismo Asatru. Explora sus orígenes y cosmología, discute su espiritualidad y creencias, menciona a los dioses y diosas a los que rezan e introduce a los lectores en sus rituales. Ya sea que practique o no a las enseñanzas espirituales del paganismo Asatru, es una buena forma de rastrear las raíces a través de la historia para descubrir sus tradiciones pasadas.

## ¿Qué es Asatru?

Asatru es un renacimiento moderno del antiguo sistema de creencias precristianas del pueblo islandés, comúnmente conocido como "paganismo nórdico". Esta tradición espiritual se remonta al siglo I d. C. y se practicaba por muchas tribus germánicas que vivían en el norte de Europa. La religión fue casi completamente olvidada hasta su renacimiento a finales del siglo XIX.

Los orígenes de Asatru se remontan a la literatura nórdica antigua, particularmente las Eddas, que son colecciones de historias antiguas y poesía que relatan creencias religiosas y eventos históricos de las culturas escandinavas. Estos textos describen a los dioses y diosas adorados por estas tribus y su cosmología y rituales. En particular, hablan de Odín y sus hermanos, Vili y Ve, creando el mundo de la nada en Yggdrasil (el Árbol del Mundo). Proporcionan información sobre cómo se usaban las runas mágicas para la adivinación, las prácticas curativas y otras costumbres tradicionales, como festejar el Yule (el solsticio de invierno) o celebrar el Día de Freyr durante el período del solsticio de verano.

**Los orígenes de Asatru se remontan a las Eddas** ⁱ

Además de esta evidencia literaria, las excavaciones arqueológicas descubrieron artefactos que sugieren que estos sistemas de creencias estaban increíblemente extendidos durante este período, desde Suecia hasta lo que hoy es Alemania, Austria, Hungría y partes de Rumania. Por ejemplo, se encontraron figuras de bronce que representan a Odín en toda Escandinavia que datan del año 600 d. C., y también otros objetos funerarios, como espadas en tumbas que representan prácticas funerarias de la era vikinga.

El renacimiento de Asatru comenzó en Islandia en 1972, cuando Sveinbjörn Beinteinsson lideró una iniciativa conocida como "The Ásatrúarfélagið" (o "Beca Ásatrú"). Esta organización buscaba restaurar las creencias y prácticas tradicionales bajo un nuevo nombre, Ásatrú, que significa "fe en los dioses". Desde entonces, se han establecido varias organizaciones en toda Europa, incluida la Foreningen for Nordisk Religions (FNR) de Noruega, la Forn Siðr/Nordisk Hedendom de Dinamarca, la Odinic Rite/The Odinic Rite Association (ORA) de Gran Bretaña y la Ring der Götter und Geister (RiGG) de Alemania. A pesar de su renacimiento relativamente reciente, en comparación con otros sistemas de creencias como el cristianismo o el islam, Asatru se ha convertido rápidamente en una de las religiones más grandes. Cuenta con millones de seguidores en todo el mundo que practican su fe de acuerdo con sus principios fundamentales.

## Cosmología

La cosmología de Asatru es un tema que sus adherentes han debatido ferozmente. La religión se centra en gran medida en el Panteón nórdico y sus diversos mitos e historias. En esencia, Asatru se centra en el concepto de honor, no solo para usted, sino también para todos los seres vivos. Este honor se expresa principalmente a través de la reverencia a los dioses y diosas en el Panteón nórdico y la adhesión a un código de conducta heroico conocido como "las Nueve virtudes nobles".

Básicamente, Asatru reconoce nueve reinos:

- Los tres mundos debajo de la Tierra, Niflheim, Muspellsheim y Svartalfheim
- Midgard (nuestro mundo)
- Jotunheim (un reino ocupado por gigantes)
- Asgard (hogar de los dioses)
- Vanaheim (el reino de los dioses Vanir)
- Alfheim (el reino de los elfos de la luz)
- Helheim (el inframundo)

Dentro de estos reinos viven numerosos seres, como enanos, elfos, gigantes, dioses y diosas. Cada reino está habitado por sus entidades espirituales, incluyendo deidades y otras figuras sobrenaturales con áreas específicas de influencia relevantes para la vida humana.

La relación entre los humanos y estas entidades divinas determina su destino en esta vida y en su vida futura. En los sistemas de creencias Asatru, los humanos son parte de una red interconectada de existencia donde cada acción los afecta de alguna u otra manera. Por lo tanto, es importante mantener un equilibrio dentro de esta red para lograr la armonía espiritual y física.

Asatru tiene dos componentes: la fe en Odín y otras deidades nórdicas y una ética guerrera que requiere que los seguidores enfrenten los desafíos de frente con coraje y fuerza. Este espíritu guerrero enfatiza en gran medida el coraje, el sacrificio, el honor personal, la fuerza en la batalla y la lealtad a los amigos o miembros del clan.

## Creencias y espiritualidad

Asatru, y el paganismo nórdico estrechamente relacionado, es una fe politeísta que venera a muchos dioses y diosas. Tiene sus raíces en las prácticas precristianas de la época vikinga en Escandinavia, pero ha sido influenciado por las interpretaciones modernas de los mitos nórdicos de fuentes como la Edda poética y la Edda prosaica. Asatru El paganismo nórdico se basa en la creencia de que las deidades son seres vivos con los que los seguidores pueden interactuar directamente a través de rituales u ofrendas. Los dioses son vistos como protectores o guardianes de la humanidad, y su adoración ayuda a asegurar el éxito y la prosperidad. Además del Panteón de los dioses, los adherentes veneran a los espíritus de la tierra (*landvaettir*), a los antepasados (*disir*) y a otros espíritus.

El Asatru, o paganismo nórdico, es una fe que celebra el poder de la naturaleza en todas sus formas y busca mantener un equilibrio entre la humanidad y los dioses. La religión tiene como objetivo vivir en armonía con los dioses y la naturaleza. Los practicantes creen que todo a su alrededor está vivo y es sagrado, desde las rocas hasta los árboles, los ríos, los océanos, el fuego, los animales y las aves. Todo tiene un espíritu elemental que puede ser honrado si se respeta.

En el fondo, Asatru es una religión animista. Los adherentes ven todo a su alrededor, desde animales y plantas hasta montañas y ríos, como si tuvieran sus propios espíritus, energías o poderes. El animismo se refleja en muchas costumbres, como ofrecer libaciones a los espíritus de la tierra al entrar en nuevos territorios o pedir permiso a los espíritus de los árboles antes de talarlos.

Los practicantes de Asatru creen que el destino está predeterminado por las acciones de una persona en vidas pasadas (*wyrd*) o por cómo te relacionas con los demás (*orþrótt*). Cada acción tiene consecuencias buenas y malas, y las personas deben actuar bien para asegurar la buena fortuna en esta vida y en vidas futuras. Esta creencia se relaciona con uno de los valores fundamentales del Asatru: honra tu palabra (*hlautbúa*). Ser honorable significa ser sincero con uno mismo y con los demás, lo que ayuda a generar confianza entre las personas y mantener el respeto por uno mismo al cumplir las promesas.

Los dioses y diosas de Asatru son componentes integrales de este sistema de creencias. Representan varias facetas de la naturaleza y la humanidad, como la fertilidad, la guerra, la justicia, la vida familiar, la muerte, el amor y la sabiduría. Estas deidades son vistas como poderosos seres sobrenaturales y modelos a seguir cuyas historias proporcionan información sobre cómo deben comportarse los humanos. Adorar a estos dioses trae bendiciones si se hace correctamente. Sin embargo, descuidarlos puede traerle desgracias o tragedias a usted y a quienes lo rodean.

Los dioses son considerados entidades distintas con sus voluntades y personalidades. Son vistos como fuerzas espirituales en lugar de conceptos abstractos o metáforas. Además, los rituales sirven para honrar a los dioses, como los sacrificios blots, donde los animales se sacrificaban parcial o totalmente como ofrendas de comida durante celebraciones como el Yule o Winternights (*Hallowtide*). Estas ceremonias se consideraban necesarias para mantener las relaciones entre los humanos y sus deidades, permitiéndoles acceder al Valhalla después de la muerte. Tras su muerte en batalla o por causas naturales, serían bienvenidos en el salón de Odín. Otros rituales pertenecen específicamente a ciertos días festivos, como el Ostara, donde se intercambian huevos entre los miembros de una familia, simbolizando una renovación. También se honra a Thor con hogueras encendidas en la noche de verano. Estos rituales estaban destinados a honrar a los dioses y como un recordatorio de que vivir en armonía es posible si se adhieren fielmente a los valores con aquellos que comparten las mismas creencias.

Al honrar a los dioses a través del ritual, los adherentes buscan vivir de acuerdo con el código moral del Asatru/paganismo nórdico: las Nueve Nobles Virtudes. Las Nueve Nobles Virtudes del paganismo nórdico, conocidas como Asatru, son códigos morales que guían y dan forma a la conducta de los practicantes. Estas virtudes provienen de una antigua religión pagana y todavía se practican hoy en día.

1. **Coraje:** Ser valiente en todas las situaciones, asumir riesgos, aceptar los desafíos con fuerza y ser resiliente en los momentos de dificultad.
2. **Verdad:** Vivir honesta y abiertamente, nunca mentir o engañar a los demás, y luchar por la verdad.
3. **Honor:** Mantener un carácter noble en todo momento, mantener los más altos estándares de comportamiento con integridad y luchar por la excelencia en todo.
4. **Fidelidad:** Mantenerse fiel a su palabra, relaciones y compromisos, y estar al lado de amigos y familiares leales.
5. **Disciplina:** Practicar el autocontrol, mantenerse enfocado en el logro de metas y practicar la moderación.
6. **Hospitalidad:** Ofrecer una hospitalidad generosa al recibir huéspedes y tratarlos como miembros honorables de la familia.
7. **Diligencia:** Trabajar duro para adquirir conocimientos, desarrollar habilidades, ganar dinero, adquirir riqueza material y siempre mejorar.
8. **Autosuficiencia:** Confiar en uno mismo en lugar de depender de los demás, asumir la responsabilidad de sus acciones y no confiar en la suerte o el destino.
9. **Perseverancia:** Mantenerse fuerte a pesar de la adversidad y nunca darse por vencido, incluso cuando se enfrenta a grandes dificultades u oposición.

Otro aspecto importante de la espiritualidad Asatru es la narración de sagas (historias sobre personajes mitológicos de la tradición nórdica) alrededor de una fogata después de la cena en reuniones privadas o eventos rituales. Al escuchar estos cuentos, los participantes aprenden más sobre la historia de su cultura y aprenden lecciones espirituales gracias a sus narrativas sobre heroísmo, coraje, lealtad, autosacrificio, honor, justicia, veracidad, compasión, humildad y sabiduría. Además, estos cuentos ofrecen una idea de cómo los adherentes deben vivir de acuerdo con una cosmovisión basada en las tradiciones nórdicas. Ayuda a los adherentes a estar mejor versados en los aspectos integrales de los valores, la ética, la moral y las leyes de Heathenry.

El Asatru/paganismo nórdico es una tradición de fe en constante evolución. Las creencias y prácticas actuales abarcan desde el humanismo hasta el reconstruccionismo, desde ver a los dioses como construcciones metafóricas hasta abordarlos como seres distintos. La diversidad de creencias dentro de la comunidad permite a los seguidores explorar sus caminos espirituales mientras honran su herencia cultural y se conectan con otros paganos a nivel mundial. Independientemente de cómo veas o practiques el Asatru/paganismo nórdico, su núcleo fundamental es el aprecio por la vida y la naturaleza y el compromiso de trabajar hacia un equilibrio en los mundos físico y espiritual. Con este entendimiento, los adherentes pueden esforzarse por vivir una vida significativa llena de alegría, sabiduría y plenitud.

## Dioses y diosas

El Asatru, o paganismo nórdico, se basa en la creencia en múltiples dioses y diosas que habitan en diferentes reinos y guían a la humanidad. Muchos dioses y diosas están asociados con Asatru, pero algunos son más importantes que otros. Estas deidades principales incluyen a Odín, Thor, Freya, Freyja, Frigg, Loki, Heimdall e Idunn. Estos dioses y diosas principales están estrechamente vinculados a las creencias de Asatru y son esenciales para el paganismo nórdico. Guían, protegen y ofrecen sabiduría a su gente mientras son respetados como deidades poderosas. Al comprender mejor a estas deidades, los practicantes pueden apreciar mejor los aspectos de la fe, como su mitología y simbolismo.

### Odín

Odín es considerado el dios principal de Asatru. Se le conoce como una poderosa deidad que gobierna Asgard, el reino de los dioses Aesir. Es un maestro sabio que da consejos y sabiduría a la humanidad a través de revelaciones proféticas. Odín está asociado con la guerra y la magia. Se dice que sacrificó su ojo para ganar sabiduría. Odín tenía poderes mágicos que le permitían cambiar de forma y convertirse en diferentes animales o personas. Llevaba dos artefactos mágicos: un caballo de ocho patas llamado Sleipnir, que podía viajar entre mundos sin cansarse, y un ojo que todo lo ve llamado Ojo de Odín, que le permitía ver muchos lugares simultáneamente.

### Thor

Thor es el hijo de Odín y el dios principal del trueno en la mitología Asatru. Thor es el dios del trueno y el relámpago y gobierna sobre las tormentas. Es una de las figuras más famosas de la mitología nórdica. Conocido por su fuerza y coraje, podía manejar un martillo mágico llamado Mjölnir, que controlaba los rayos. Thor protege a Asgard de los gigantes que lo atacan, usando su martillo mágico para derribarlos. Es un guardián de la humanidad, los protege de todo peligro y los ayuda en tiempos difíciles.

### Freya

Freya es una diosa del amor, la belleza, la fertilidad y la guerra en el Panteón asatru. Tiene muchas asociaciones con la naturaleza, como la fertilidad, el amor y la sexualidad. Freya es una fuerte protectora de su gente, particularmente de los más vulnerables. A menudo toma la forma de un bello halcón cuando está en batalla, guiando a los guerreros a la victoria.

### Freyja

Freyja es la hermana gemela de Freya y está asociada a aspectos similares como la fertilidad y el amor. Lleva un collar de piedras preciosas llamado Brisingamen, que le otorga grandes poderes. El poder de Freyja radica en su capacidad para ver el futuro y guiar a la humanidad. Freyja tiene el poder de causar conflictos entre los enemigos si alguien la perjudica a ella o a sus seres queridos. Puede tomar diferentes formas a voluntad y viaja por Midgard (el reino de los humanos) en un carro tirado por gatos.

### Frigg

Frigg es la esposa de Odín y diosa del matrimonio y la maternidad en la mitología asatru. Al igual que Freya y Freyja, está asociada al amor y la fertilidad. Es una figura materna sabia y cariñosa que cuida de todos los habitantes de Asgard.

### Freyr

Freyr es uno de los dioses Vanir asociados a la paz, la fertilidad y la prosperidad. Freyr era conocido por su gran riqueza, pero era generoso, y regalaba sus posesiones libremente incluso cuando este le generaba problemas o peligro. Regaló su última posesión valiosa, su espada mágica, para ganarse a Gerd (una giganta), con quien quería casarse. Era famoso por tener un enorme apetito. Se convirtió en una broma entre otros dioses y diosas, quienes se burlaban de que nunca estaba satisfecho, sin importar la cantidad de comida que le sirvieran.

### Tyr

Tyr era otro dios asociado a la guerra, específicamente por el coraje y la valentía en los campos de batalla. Tyr ofrecía a los guerreros fuerza y coraje cuando sus reservas naturales se agotaban. Tyr era admirado por sus acciones desinteresadas como la valentía. Sacrificó una de sus manos, para que el lobo Fenrir no se liberara de sus ataduras, evitando que el *Ragnarok* (la edad crepuscular y el fin del mundo) sucediera prematuramente.

### Loki

Loki no es técnicamente considerado una deidad, sino un embaucador inmortal que causó muchas travesuras en todo el Panteón nórdico. Se le representa a veces jugando bromas y otras veces causando problemas a propósito. Sin embargo, la función principal de Loki es nutrir a la humanidad, ayudando en última instancia al nacimiento y al nuevo comienzo después del Ragnarök.

### Heimdall

Heimdall es el protector heraldo de la raza Aesir. Está a cargo de proteger el Puente Bifrost que conecta el reino de Asgard con el Midgard de los mortales. Sus agudos sentidos le permiten detectar incluso la más mínima perturbación a kilómetros de distancia, dando perfecto sentido a por qué es nombrado centinela de la puerta de enlace entre reinos.

### Idunn

Idunn es la diosa de la juventud y la inmortalidad en la mitología Asatru. Se dice que sus manzanas mágicas mantienen a los dioses jóvenes y evitan que envejezcan o mueran. Idunn está asociada a la fertilidad. Se creía que comer sus manzanas podría conducir a una mayor fertilidad en las mujeres.

## Festivales y celebraciones

El Asatru y el paganismo nórdico son religiones antiguas impregnadas de tradición que se remontan a varios siglos atrás. Varios festivales y celebraciones están asociados con la religión para honrar a dioses y diosas y eventos importantes durante todo el año. Estas festividades varían de una región a otra y brindan la oportunidad de reconectarse con las viejas costumbres y celebrar la espiritualidad dentro de la comunidad.

El calendario de la Era Vikinga se dividía en dos estaciones distintas, la mitad (clara) de verano y la mitad (oscura) de invierno. En los tiempos modernos, el 20 de marzo marca el comienzo del verano y el 31 de octubre marca su final. Cada estación está simbólicamente vinculada a ciertas deidades que pueden honrarse a través de una celebración en el cambio de cada estación. El verano se asocia con los dioses nórdicos Freyr y Freyja, mientras que el invierno se asocia con Odín y Ullr.

Uno de los festivales más importantes del Asatru se llama "Ostara", y tiene lugar en el equinoccio de primavera (20 de marzo). Esta antigua fiesta celebra el renacimiento de la naturaleza después de un largo invierno y simboliza la renovación. Tradicionalmente se celebraba ofreciendo regalos a los dioses, festejando y cantando canciones en su honor. El festival está estrechamente relacionado con la Pascua, ya que ambos comparten temas similares, como la fertilidad y los nuevos comienzos.

El solsticio de verano (21 de junio) o el día del solsticio de verano marca otro evento importante en el calendario para los seguidores del paganismo nórdico. Esta celebración rinde homenaje a Freyja, que representa la fertilidad y el comienzo del verano. Se cree que en este día, el dios del sol, Baldur, se levanta de entre los muertos para traer luz y vida al mundo. La gente celebra el día del solsticio de verano haciendo fogatas, organizando festejos y bailes.

El Lammas (1 de agosto) marca la temporada de cosecha y celebra a Freyr, que preside la riqueza y la abundancia. Este festival es un momento para dar gracias por todo lo que se cosechó durante el año y para que la gente comparta su generosidad. Tradicionalmente se celebraba ofreciendo pan hecho de grano de la cosecha a Freyr.

El solsticio de invierno (21 de diciembre) es otra fiesta importante que marca la noche más larga del año. Este día se asocia a Odín, quien preside la muerte, la sabiduría, la magia y las runas. La gente celebra este día dando ofrendas a Odín y encendiendo velas en su honor. El tronco de Navidad tradicionalmente se quema para aportar calor y luz a los hogares durante los largos meses de invierno.

La Noche de Walpurgis (30 de abril) celebra a Ullr, el dios de la caza, el esquí y el tiro con arco, y a su divina esposa, Freya. Esta celebración no está en los calendarios vikingos tradicionales, pero se ha convertido en uno de los festivales más populares entre los seguidores del paganismo nórdico moderno. Originalmente se celebraba encendiendo hogueras en honor a Ullr y Freya y entregándoles ofrendas. Hoy en día, se celebra más como una oportunidad para que las personas se reúnan a festejar y divertirse.

Los festivales asociados al Asatru y al paganismo nórdico permiten a las personas conectarse con sus antiguas raíces espirituales mientras celebran los cambios de estaciones. Son un momento para honrar a los dioses y diosas, dar gracias, compartir comida y disfrutar del compañerismo dentro de la comunidad. Estas festividades ayudan a mantener vivas estas antiguas tradiciones en los tiempos modernos y aseguran que las viejas costumbres no se olviden.

# Rituales

## Blot

El ritual blot es uno de los rituales más importantes en Asatru. Consiste en ofrecer sacrificios a los dioses o diosas y santificarlos con cerveza, hidromiel y otras libaciones. El propósito del ritual es que los practicantes honren a los dioses y diosas y pidan sus bendiciones. Es una forma de agradecer a los dioses y diosas por todo lo que han hecho y dado al practicante.

Para esto, necesita un altar, un cáliz u otro recipiente para la libación, una ofrenda como comida o bebida (generalmente hidromiel o cerveza), runas, incienso, velas y algo que represente a cada dios o diosa honrado. Si un grupo está realizando el ritual, es mejor que cada uno traiga algo que represente a cada dios o diosa que se honra para que todos puedan ser reconocidos durante la ceremonia.

**Instrucciones:**
1. Prepare su altar colocando objetos, como ofrendas y representaciones de cada dios y diosa honrados.
2. Encienda velas e incienso antes de hacer una breve oración invocando a todos los dioses y diosas honrados.
3. Pase el cáliz lleno de hidromiel o cerveza para que todos puedan santificarlo.
4. Una vez que todos hayan participado en la santificación de las ofrendas, use su turno para expresar gratitud por lo que cada dios y diosa haya hecho por usted.

5. Vierta su libación en el suelo cerca del altar, lo que representará la aceptación de sus ofrendas.
6. Cuando termine de dar las gracias y de derramar sus libaciones, cierre su invocación con otra breve oración agradeciéndoles de nuevo.
7. Cierre su espacio de ritual.

## Sumbel

El sumbel es un ritual con raíces en la antigua religión Asatru. Se practica hoy en día por los adherentes modernos y como parte regular de una ceremonia o en eventos especiales. La palabra "sumbel" proviene del inglés antiguo y significa "beber juntos". Es una parte importante de muchas reuniones y celebraciones en Asatru.

El ritual sumbel tiene como objetivo honrar a los dioses, antepasados y otros espíritus y celebrar los hitos de la vida. Durante el ritual, los participantes hacen juramentos y comparten palabras de aliento. Fortalece los lazos entre familiares y amigos al tiempo que demuestra respeto por las creencias de los demás. Además, se anima a los participantes a reflexionar sobre sus acciones y cómo afectan a quienes los rodean.

La estructura del ritual es similar a una ceremonia de brindis. Sin embargo, el contenido varía según el evento que se celebre o se honre. En general, los rituales sumbel implican beber hidromiel (o jugo si el hidromiel no está disponible) de un cuerno o taza conocida como "la copa bendita", que se pasa de una persona a otra en el sentido de las agujas del reloj. Cada vez que alguien toma un sorbo de la copa, honra a otra persona que asiste con palabras amables o simbolismo, como derramar un poco de bebida sobre la hierba o la tierra para honrar a los espíritus de la tierra. Una vez que todos han tenido su turno con la copa bendita, generalmente hay risas y celebraciones alegres acompañadas de cantos y bailes folclóricos.

## Seidr

El seidr es un antiguo ritual mágico nórdico ampliamente practicado en la Escandinavia precristiana. Se cree que se ha utilizado para diversos fines, como la curación, la adivinación, la protección e incluso la maldición. Se realizaba con mayor frecuencia por chamanes o caciques que supuestamente estaban en contacto con los dioses y podían influir en los acontecimientos a través de su magia. El ritual generalmente consistía en cantar, tocar un tambor, bailar en éxtasis y entrar en trances. El chamán recurría a poderes de otro mundo, como elfos y enanos, para ayudarlos a cumplir sus tareas.

Para realizar un ritual seidr en la tradición Asatru, es necesario crear el entorno adecuado.

**Instrucciones:**

1. Necesita un lugar sagrado donde pueda realizar el ritual sin molestias de fuentes externas. Puede estar dentro o fuera de su casa.
2. Prepárese mental y espiritualmente para el ritual. Puede meditar de antemano, para aclarar su mente y abrirse a lo que suceda durante el ritual.
3. Una vez que se hayan tomado estos pasos, es hora de preparar el espacio para el ritual. El espacio debe estar orientado hacia el norte, hacia Asgard (el reino de los dioses).
4. Debe haber un fuego encendido. Al menos dos fogatas con velas a su alrededor.
5. Encienda un poco de incienso. Debe encenderse antes de cantar (generalmente con hierbas como el enebro).
6. El canto debe consistir en mantras asociados a ciertos dioses o espíritus. Cada dios y espíritu tiene un sonido particular que puede invocar su energía dentro de su círculo.
7. El canto generalmente puede durar hasta diez minutos o más, dependiendo de la profundidad de su trance.
8. Cuando se complete el canto, cree un escudo con runas. Estas runas deben elegirse de acuerdo al objetivo de su ritual, ya sea buscar respuestas de los dioses sobre algo específico o lanzar un hechizo sobre alguien.
9. Termine su ritual agradeciendo a todos los que participaron.
10. Cierre su espacio sagrado hasta la próxima vez.

Saber cómo y por qué hacer un ritual seidr es importante. Es una ofrenda u oración a los dioses y espíritus para que intervengan en su nombre cuando se requiera orientación o asistencia. Esto hace que el ritual seidr sea excepcionalmente especial y poderoso en la tradición asatru.

# Capítulo 4: Paganismo germánico

"Germánico" se refiere a un colectivo tribal de indoeuropeos de la Edad del Hierro que hablaban las lenguas germánicas y se establecieron en Alemania, las Islas Británicas y Escandinavia. Este capítulo se centra en las culturas paganas germánicas como los islandeses, los anglosajones, los daneses y otros. Además de proporcionar información sobre tradiciones paganas, el capítulo ofrece una visión histórica de las tribus paganas germánicas y sus migraciones.

## Historia de los paganos germánicos

Si bien no está claro cuándo llegaron las tribus germánicas al norte de Europa, para el año 750 a. C., estaban establecidas en los territorios de la actual Dinamarca y sur de Escandinavia. Su popularidad se expandió tanto que 500 años después, emigraron hacia Europa central. Sus migraciones provocaron conflictos con los celtas, que también estaban expandiendo su influencia cultural. Sin embargo, los celtas fueron derrotados por las tribus germánicas. Más tarde, el crecimiento de la población hizo que varias tribus invadieran territorios ajenos, mientras que otras emigraron a Italia, España y Galia. En el siglo V d. C., muchas tribus se fusionaron, formando tribus como los anglosajones, los daneses, los suecos y otros.

Las tribus germánicas tenían rituales similares a los celtas, como el sacrificio'

Estas migraciones, conflictos y creencias coexistentes de las diferentes tribus germánicas dejaron su huella en el sistema de creencias. Los hallazgos arqueológicos indican que durante la Edad de Hierro romana (antes del 400 d. C.), las tribus germánicas practicaban rituales espirituales similares a los celtas. Tenían similitudes en la forma en que ofrecían sacrificios a las deidades y realizaban la adivinación, y, al igual que los celtas, creían en que se debía formar una conexión espiritual con la naturaleza. Sin embargo, tenían una tradición única de quemar a sus muertos antes de enterrarlos en el suelo. Algunas tradiciones todavía se practicaban en la Edad de Hierro germánica (desde principios del siglo V), pero poco después, las tribus germánicas se convirtieron al cristianismo. Sin embargo, esta era una forma de cristianismo anterior y menos basada en festividades, por lo que muchas prácticas paganas germánicas sobrevivieron a través de tradiciones orales o registros escritos. Los registros de principios de la Edad Media muestran una reverencia generalizada hacia las deidades nórdicas antiguas, los sacerdotes y los fenómenos naturales.

### Islandeses

Los islandeses eran un pequeño grupo de paganos germánicos que llegaron a las costas de Islandia a finales del siglo IX. Tenían y mantenían creencias muy similares a sus antepasados paganos germánicos. Veneraban a los mismos dioses y adoraban a los antepasados y a la naturaleza con el mismo fervor. Su sistema de creencias es uno de los más conservados de las tribus paganas germánicas del norte. Se conservaron por tradición oral y quedaron registrados en sagas y, aún más famosa, en la Edda poética, una de las fuentes más conocidas de la mitología nórdica.

### Anglosajones

Según los registros históricos, los anglosajones llegaron a las costas de Gran Bretaña a finales del siglo V. Tenían creencias paganas muy similares al paganismo nórdico. Sin embargo, su religión se diversificó más tarde bajo la influencia de la separación del resto de las tribus paganas y más tarde la presión de otras religiones. Adoraban a Woden (Odín), el dios más alto de su panteón. Según las creencias anglosajonas, Woden era el dios de la muerte, que guiaba a las almas difuntas en su camino al más allá. A diferencia de otras figuras de autoridad más arraigadas a las que adoraban, era universalmente temido, como los dioses Tiw (Thir) y Thu (Thor).

Además de las indicaciones de lugares de culto naturales, los hallazgos arqueológicos sugieren que los anglosajones podrían haber construido templos paganos. Allí, celebraban rituales dirigidos a sus deidades y les ofrecían sacrificios.

### Daneses

Los daneses eran una tribu germánica que llegó al sur de Escandinavia a mediados del siglo VI. Hablaban protonórdico, y más tarde nórdico antiguo, y tenían creencias similares a las tribus germánicas del norte. Su religión está construida con elementos del paganismo nórdico, Adoraban a Thor, Odín y Frey. Al igual que muchas otras tribus paganas germánicas, los daneses dejaron algunas deidades atrás. Sin embargo, participaban en el culto ancestral y mantenían muchas costumbres originales incluso después de convertirse al cristianismo en el siglo X. Por ejemplo, utilizaban las mismas prácticas funerarias y practicaban la adivinación rúnica. Además del cristianismo germánico tradicional que apareció en el siglo X, los daneses fueron influenciados también por las creencias arrianas (una versión mucho más antigua de la doctrina cristiana que emana del Egipto del siglo III).

# Puntos clave en el sistema de creencias paganas germánicas

"Paganismo germánico" es un término general para varias creencias paganas estrechamente relacionadas dentro de un gran sistema. La mayoría de estas creencias y tradiciones provienen de la antigua religión nórdica, pero en el período medieval, fueron fuertemente influenciadas por la teología cristiana. Al igual que sus antepasados, el sistema de creencias pagano germánico también es politeísta. Muchas prácticas religiosas de las tribus germánicas del noroeste de Europa se perdieron. Sin embargo, se sabe que incluso antes de la época medieval, el paganismo germánico se trataba más de la adoración individual y las tradiciones familiares que de tribus con una religión organizada. Aun así, sus tradiciones tenían un marco coherente. Por lo general, giraban en torno a las deidades y el ciclo de la vida. Se cree que las antiguas tribus germánicas tenían tradiciones en torno a su creencia en el inframundo, la vida después de la muerte, un mundo de antepasados en los cielos y la reencarnación. La mitología germánica tiene varias variaciones del mito de la creación. Según el más famoso, en un comienzo, no existía nada más que un vacío mágico. A partir de eso, Odín y sus hermanos crearon la Tierra y más tarde dieron vida a la humanidad a partir de dos troncos de árboles sin vida.

## Dioses y diosas más importantes

Según la antigua mitología pagana germánica, el panteón de los dioses comprende dos tribus, Vanir y Aesir. Se cree que, en algún momento, estas tribus se dieron cuenta de que ninguno de los bandos ganaría e hicieron las paces.

## Los Aesir

### Odín

Odín era el gobernante de Aesir y el dios de los reyes y nobles germánicos. La gente común, sin embargo, rara vez acudía a Odín en busca de ayuda, y no era ampliamente adorado. En el paganismo germánico, Odín es conocido como el dios de la poesía. Hay muchas historias sobre cómo Odín trajo el hidromiel sagrado de la poesía a los dioses. Según una de estas historias, el hidromiel fue creado a partir de la sangre de un dios sabio, Kvasir, que fue asesinado por enanos. Odín lo robó y escapó volando en forma de águila.

Odín también era conocido por su propensión a incitar peleas entre los guerreros y volverlos unos contra otros para reclutar héroes en el Valhalla. Los héroes muertos se unirían a él en la batalla final contra el Ragnarök. También se decía que Odín creaba magia poderosa que podía hacer hablar a los muertos. Era un mago, un cambiaformas y un poderoso chamán, que podía entrar en trance y viajar a otros mundos. Cuando visitaba a los muertos, siempre iba acompañado de dos cuervos y dos lobos. Los pájaros eran sus mensajeros y le informaban lo que sucedía en el otro mundo y en el mundo de los mortales.

En el paganismo germánico, Odín es retratado como el dios de los ahorcados. Esta creencia proviene del antiguo mito nórdico de Odín suspendiéndose en el Yggdrasill (el árbol de la vida) para obtener sabiduría.

Si bien los plebeyos a menudo consideraban que Odín no era confiable, era una deidad soberana. Los descendientes de las antiguas tribus germánicas de Inglaterra y Escandinavia lo consideraban como su máximo gobernante divino. Los fundamentos de las dinastías todavía se atribuyen a Odín, y durante siglos, se le ofrecieron sacrificios extraordinarios por sus bendiciones. Si bien normalmente se le ofrecían sacrificios de animales, el sacrificio humano también era común. Sin embargo, este último proviene de escritores romanos que magnificaron la crudeza de las prácticas paganas germánicas para infundir miedo y prejuicios.

### Thor

Thor era una deidad ampliamente adorada. Era una de las últimas deidades a las que la gente recurría antes del final del periodo pagano en las tierras germánicas. Thor es el hijo de Odín. Su nombre deriva de la palabra germánica para "trueno". Los mitos describen a Thor como el campeón de los dioses y admiran sus victorias sobre los gigantes. Su éxito se atribuye a menudo a su martillo, Mjölnir. Tuvo aventuras con otras criaturas míticas, como la serpiente cósmica Jörmungand. Esta criatura vivía en el océano que rodeaba el mundo. Después de sacar al monstruo de las vastas aguas, Thor no logró matarlo y se espera que lo enfrente nuevamente en el Ragnarök.

A diferencia de su padre, Thor es el dios del pueblo pagano germánico. Lugares de Inglaterra y el este de Escandinavia llevan su nombre. Era adorado como el dios del trueno y se pensaba que traía lluvia y aseguraba una buena cosecha. Guiaba a los guerreros en batalla y ayudaba en los proyectos militares.

El día jueves ("Donnerstag" en alemán) lleva el nombre de Thor, y significa "el día de Thor". Los modernos practicantes paganos germánicos todavía creen que Thor viaja en su carro en el cielo hacia el este diariamente, y el trueno es el sonido de su carro.

## Balder

En la mitología germánica, Balder es otro hijo de Odín. A diferencia de Thor, Balder es un dios mucho más paciente. Tiene poderes proféticos e incluso predijo su propia muerte. Según la tradición, su madre hizo que todas las criaturas hicieran un juramento de no hacerle daño. Sin embargo, después de que el muérdago se negara a prestar juramento, Loki, el dios embaucador, lo arrancó y se lo entregó al dios ciego, Höd, quien inadvertidamente lo usó para matar a Balder. Cuando los dioses enviaron a recuperar el alma de Balder en Hel, no pudieron liberarlo porque a la diosa de la muerte no recibió lo que pidió a cambio. Según su decreto, todos deberían haber llorado la muerte de Balder. Loki se disfrazó de giganta y se negó a llorar a Balder, por lo que Balder tuvo que permanecer muerto.

Según los daneses, Balder no era una deidad inocente y su muerte no significaba un evento triste. Creían que era un semidiós vicioso. Balder y Höd luchaban constantemente por la mano de la esposa de Balder. En una de sus peleas, Höd lo mató. Dentro de las creencias paganas germánicas posteriores, Balder era descrito como un dios moribundo de la primavera. Sin embargo, dado que estas representaciones le dieron características similares a las de Cristo, podrían haber sido influenciadas por las creencias cristianas.

## Loki

Aunque los paganos germánicos cuentan a Loki entre los Aesir, se le considera un extraño para esta tribu. Su padre era un gigante, y probablemente su madre también. Loki es el padre de Jörmungand, la serpiente que rodea el mundo. Era padre de Hel, la diosa de la muerte, y Fenrir, el lobo cuyo destino es estar encadenado hasta el Ragnarök. Según sus creencias, Loki está atado, pero sin duda romperá sus cadenas cuando llegue el Ragnarök. Honrará a su padre y a su descendencia uniéndose a los gigantes en la batalla contra los dioses.

Si bien se sabía que Loki engañaba a los dioses, a veces también los ayudaba, particularmente a Odín y Thor. Es una deidad tramposa que puede cambiar de forma cuando quiere. Por ejemplo, en un cuento, se le representa como una foca luchando contra Heimdall por un collar. Otro poema lo describe como una mosca y cuenta su aventura en la residencia de Freyja. En las creencias paganas germánicas, Loki representa una fuente de inteligencia impulsiva. Bajo su influencia, una persona puede actuar con impredecible malicia.

# Aesir menores

Las deidades menores en las filas de los Aesir incluían a Heimdall, Rigr y Tyr. Heimdall y el dios embaucador están obligados a matarse entre sí en el Ragnarök, y siempre estarán en desacuerdo con Loki. Según la tradición, Heimdall nació de nueve madres, que eran presuntas hermanas y probablemente gigantas. Heimdall vivía al borde del mundo Aesir, y lo protegía de los ataques de los gigantes. Tiene un oído increíblemente poderoso y puede captar cualquier cosa de cualquier mundo.

Rigr puede ser uno de los rostros de Heimdall, pero también se dice que es el padre de la humanidad. Rigr tuvo hijos con tres hembras, que dieron a luz a las tres razas diferentes según las creencias paganas alemanas.

Tyr era una figura divina prominente durante los primeros días del paganismo germánico, pero ha sido casi olvidada. Solo tenía una mano porque el lobo Fenrir le quitó la otra. Es un dios valiente y se cree que es el hijo de Odín. Algunas fuentes afirman que en lugar de ser una deidad, Tyr fue engendrado por un gigante.

### Frigg

Al igual que su marido Odín, Frigg es representada de varias maneras según diferentes fuentes germánicas. Algunos la muestran como la madre llorona y abnegada de sus hijos. Otros la describen como una libertina que no tenía miedo de vivir apasionadamente. Las últimas fuentes afirman que su mala conducta fue responsable de la mala fama y el breve destierro de Odín del panteón divino.

### Los Vanir

Los Vanir eran otro grupo de deidades paganas germánicas. La mayoría estaban asociados a la salud, la fertilidad y el peso. A diferencia de los Aesir, los Vanir rara vez participaban en batallas y no influían en el resultado de los conflictos y las guerras como lo hacían los Aesir.

### Freyr

Los daneses orientales celebraban notablemente a Freyr, el hijo de Njörd. Creían que Freyr partía regularmente hacia el este, y viajaba en una ola gigante con su carro detrás de él. Según las tribus germánicas que habitan el territorio moderno de Suecia, Freyr viajaba dentro del carro. Traía bendiciones de fertilidad y una buena cosecha a las tierras áridas del norte de Europa. Según una saga islandesa, cuando la gente comenzaba a cultivar, Freyr parecía vigilar el campo. Los campos se volvieron un lugar sagrado.

Una de las aventuras más épicas de Freyr fue la conquista de Gerd, una doncella gigante que más tarde se convirtió en su esposa. Hay varias versiones de este mito. Una afirma que Gerd fue llevado al otro mundo, y para llegar a ella, Freyr tuvo que superar las reglas de la vida y la muerte. Según otra versión, la doncella estuvo cautiva por el invierno, que trajo gigantes de hielo, y que Feyr tuvo que luchar por ella. Esta última historia se convirtió en un mito de fertilidad en el que Freyr es el dios del Sol que libera a Gedr, el gobernante de la Tierra. Una vez que la Tierra es liberada en primavera por Freyr, la naturaleza se vuelve fértil.

Varios animales eran sagrados para Freyr, incluido el caballo y el jabalí (conocido por su alta fertilidad). Los daneses tenían una deidad similar llamada Frody, que era responsable de la prosperidad de la tierra. Como también lo llevaban en un carro, algunos decían que era Freyr con un nombre diferente. Se creía que Freyr era el antepasado de los Yngling, la familia real sueca.

### Freyja

Freyja es la hermana de Freyr (y esposa por un breve período) y la diosa del amor, la fertilidad y la belleza, lo que indica responsabilidades muy similares a las de su hermano. Según la tradición, suele estar rodeada de artículos finos y joyas. Una de sus piezas más famosas fue el collar Brísingamen, forjado por enanos y posteriormente robado por Loki. Loki y Heimdall pelearon por este collar. Se decía que Freyja era una esposa fiel, a menudo era representada llorando lágrimas de oro cuando su esposo no estaba. Sin embargo, algunas fuentes afirman que era bastante promiscua. Este último probablemente se deriva de los cuentos de su práctica de magia desconocida para muchos, incluso entre los dioses. Esta era magia seidr, que Odín usaba en algunas deidades. Al igual que Odín, guiaba las almas de los que caían en la batalla.

La diosa de la fertilidad Freyja está asociada a los animales. Representa una característica controvertida de una diosa de la fertilidad asociada con el otro mundo, que no estaba presente fuera de las creencias paganas germánicas.

Debido a la naturaleza dual de Freya, a menudo es simbolizada por una amplia gama de artículos, incluyendo un perro y una serpiente (aludiendo a su conexión con el otro mundo) o frutas, símbolo de fertilidad. Algunas tribus tenían una diosa similar con diferentes nombres, como la diosa Nehawho, adorada por las tribus germánicas en Europa central.

## Festivales y celebraciones

Al estilo pagano tradicional, a las tribus germánicas no les gustaba confinar su adoración y prácticas rituales dentro de cuatro paredes. En todo el mundo pagano germánico, las prácticas basadas en la naturaleza estaban muy extendidas, y los lugares de culto más comunes eran arboledas y bosques sagrados. Las tribus de Escandinavia, Inglaterra y Europa continental celebraban sus rituales y ceremonias cerca de árboles y pozos. Cuando construían templos y sitios de adoración cerrados, lo hacían cerca de árboles y pozos sagrados.

Según las fuentes romanas, las primeras tribus paganas germánicas no visualizaban a sus deidades con formas humanas. Cualquier elemento que se usara para representar a las divinidades, eran efigies que denotaban su poder divino antes que una forma. Más tarde, estos símbolos se volvieron de naturaleza antropomórfica.

Las prácticas paganas germánicas más comunes eran sacrificios (en su mayoría de animales) ofrecidos a dioses y diosas. Durante estos sacrificios, el número nueve era muy especial. Presentaban nueve cabezas u otros órganos a los dioses para apaciguarlos y colocaban la ofrenda en un bosque sagrado durante nueve días. Creían que todo lo que ponían cerca de una arboleda se volvía sagrado.

Llevaban a cabo sacrificios y enviaban objetos a lugares a los que nadie pudiera acceder, como el fondo de un lago. O simplemente quemaban el objeto de sacrificio. Celebraban festivales de sacrificios (uno de los raros festivales celebrados en la antigua Germania), que incluían comidas festivas y libaciones. Durante estas celebraciones, se hacían grandes ofrendas públicas. A menudo, una o más tribus se reunían y a veces se sacrificaban figuras de madera en lugar de personas.

Otra tradición pagana germánica era la ofrenda de armas. Los hallazgos arqueológicos sugieren que las tribus las arrojaban a un lago o sacrificaban armas inutilizadas después de una batalla. Curiosamente, las armas siempre se sacrificaban por separado de otros artículos. Además de sus propias armas, las tribus también ofrecían las armas de sus enemigos derrotados. La mayoría de las ofrendas se hacían a Odín como una expresión de gratitud por sus bendiciones en batalla. El sacrificio reforzaba la conexión entre Odín y sus adoradores y aseguraba que este dios de mal genio se mantuviera de su lado.

Las ceremonias funerarias eran muy comunes. A menudo quemaban y enterraban a los difuntos y sus posesiones, incluidos los animales y las personas esclavizadas. Antes de su entierro, los animales y las personas esclavizadas eran tratados con el mismo respeto que sus amos, a menudo recibían la misma comida, bebida y otros privilegios. Durante los períodos de migración intensiva, las ceremonias de entierro se llevaban a cabo en una orilla o en barcos.

Mientras que los festivales unificados eran raros entre los paganos germánicos, los que existían giraban en torno a las deidades. Organizaban una celebración pública para los dioses y diosas en sus días. Los nombres modernos de los días de la semana provienen de las deidades que los paganos germánicos asociaban cada uno de ellos. Honrar públicamente a las deidades en sus días sagrados le daba a la gente un sentido de comunidad y reafirmaba su conexión con lo divino. Algunos festivales y celebraciones eran en reverencia a las estaciones. Al principio, los paganos germánicos celebraban estaciones equivalentes al invierno, la primavera y el verano. Sin embargo, grupos posteriores, como los islandeses, celebraban solo el invierno y el verano.

## Ritual blot

El ritual blot era común en diferentes tribus germánicas y se practica hasta el día de hoy. Tradicionalmente, el blot se ofrece a una deidad en su día. Puede hacer un blot a una deidad diferente cada día de la semana. Aquí hay un ejemplo de una ofrenda a Thor:

**Ingredientes:**
- Un vaso o botella de una bebida natural. Puede usar agua, zumos naturales o cualquier cosa que no contenga sabores artificiales.

**Instrucciones:**
1. Busque un espacio tranquilo en la naturaleza antes del atardecer. Si hace el ritual un jueves, comience mirando hacia el este ya que Thor viaja hacia el este.
2. Sostenga la taza o botella con sus manos y llévela hacia su vientre. Intente sostenerla a la altura del ombligo.
3. Visualice cómo su energía viaja desde las palmas de las manos y el vientre hacia la botella o taza.
4. Respire hondo por la nariz y exhale lentamente, cantando el nombre de Thor (u otra deidad).

5. Ahora que el líquido ha sido cargado con su esencia, está listo para ser ofrecido a la deidad elegida.
6. Vierta un poco del líquido y levántelo hacia el cielo, ofreciéndoselo a la deidad.
7. Sostenga la taza o botella con ambas manos, colóquela frente a su vientre y repita el canto nueve veces.
8. Ahora el líquido ha sido cargado con el poder de la deidad elegida.
9. Levante la bebida una vez más hacia el cielo, reconozca las bendiciones de la deidad y beba.
10. No lo beba todo a la vez, tome pequeños sorbos durante toda la noche. De esta manera, sentirá el poder de la deidad dentro suyo, envolviéndolo lentamente con protección y curación.

## Conectar con la naturaleza

La naturaleza juega un papel fundamental en las tradiciones paganas germánicas. Conectar con las energías de la naturaleza es un ritual de empoderamiento y una forma de establecer equilibrio en su vida. Pasar tiempo en la naturaleza o cerca de un elemento de la naturaleza por la mañana es un gran paso para comenzar el día.

**Instrucciones:**
1. Después de despertarse, recoja un amuleto, talismán o representación de la deidad o espíritu con el que se ha sentido conectado recientemente y llévelo con usted.
2. Prepare su café, té o desayuno y busque un lugar tranquilo en la naturaleza. Si puede salir a un jardín o terraza, hágalo. Si no puede salir, abra una ventana y siéntese allí. Alternativamente, puede sentarse junto a una planta en maceta; esto también representa la naturaleza.
3. Cualquiera que sea la opción que funcione para usted, tómese su bebida o desayuno.
4. Mientras lo haga, use el poder de la naturaleza para conectar a tierra y calmar su mente.
5. Cuando esté relajado, tome el amuleto, talismán u objeto que haya elegido y medite. No hace falta tener una idea en particular. Querer conectar es más que suficiente.

6. Puede meditar todo el tiempo que quiera, pero 5 minutos suelen ser suficientes. Todo el ejercicio (junto con el consumo de su bebida o comida) puede durar unos 15 minutos.
7. Se sentirá empoderado y listo para asumir los desafíos del día.

# Capítulo 5: Paganismo eslavo

Este capítulo presenta el paganismo eslavo, es decir, las creencias y prácticas de los antiguos pueblos eslavos de Europa del Este. Mientras que los eslavos generalmente se subdividen en eslavos del este, oeste y sur, las creencias y deidades centrales son muy similares en todos los territorios eslavos. Además de aprender sobre los dioses y diosas eslavos más prominentes, mitos y festivales, al final de este capítulo aprenderá a dominar un ritual pagano eslavo para principiantes.

## El camino pagano eslavo y su historia

Las creencias y tradiciones eslavas se transmitían oralmente, y la antigua religión también estaba fuertemente influenciada por el cristianismo. Existen muy pocos registros del antiguo sistema de creencias eslavo. Una de las pocas fuentes escritas que existen es la "Primera crónica eslava", que se originó a principios del siglo XII. Recopila las creencias religiosas de los eslavos, principalmente las que giran en torno a los dos dioses eslavos más prominentes, Perún y Veles. Según esta fuente, un tratado de paz en el siglo X entre los eslavos orientales y los emperadores bizantinos fue el resultado del deseo de los eslavos de mantener el equilibrio entre los poderes de las dos deidades.

Dazhbog, el dios Sol [6]

Algunos registros indican que en el siglo X, los eslavos orientales adoraban un panteón de dioses distinto conocido como el Panteón del Príncipe Vladimir. Incluía a las deidades Dazhbog, Hors, Stribog, Simargl y Mokosh. Algunos se celebran hoy en día, pero las tradiciones de otras deidades se han perdido.

Si bien los registros sobre los paganos eslavos occidentales son más prolíficos que los que representan las creencias de los eslavos orientales, estos provienen del siglo XII, cuando la mayoría de los eslavos se convirtieron al cristianismo. Desafortunadamente, sus costumbres fueron registradas por sacerdotes alemanes que no hablaban lenguas eslavas. En consecuencia, muchos de los significados detrás de las tradiciones se perdieron en las traducciones. "Chronica Slavorum", un documento creado a finales del siglo XII, menciona a Czrnobog, Zorya y Perún, algunos de los dioses más importantes para los eslavos occidentales. También menciona varias deidades eslavas sin nombre con múltiples cabezas.

Se descubrieron estatuas de deidades eslavas en muchas regiones eslavas. Estos eran monumentos altos hechos de piedra y erigidos en lugares aún más altos. Muchas estatuas tienen múltiples caras, lo que indica que diferentes deidades tenían varios aspectos. Algunos sitios contenían varios santuarios dedicados a varios aspectos de la misma deidad. Otros hallazgos incluían una estatua de madera de tamaño humano con dos cabezas, lo que sugiere que algunas culturas podrían haber visto a las deidades como personas con habilidades sobrenaturales. Los expertos en mitología rusa coinciden en que muchos restos arqueológicos de las diferentes culturas y religiones eslavas antiguas tienen raíces comunes.

# Puntos clave en el sistema de creencias paganas germánicas

La mitología eslava apunta a un sistema de creencias politeísta. Sin embargo, enfatiza la adoración de deidades con varios aspectos. Muchos dioses eslavos tienen varias caras y personalidades y podrían exhibir diferentes poderes. Se celebran en altares o santuarios, dentro de la naturaleza o cerca de ella. El paganismo eslavo es una religión que depende en gran medida de la naturaleza. Sus seguidores tienen como objetivo respetar la naturaleza tanto como sea posible, haciendo hincapié en la importancia de utilizar los recursos naturales correctamente.

Los practicantes paganos eslavos a menudo usan el poder de la naturaleza en rituales, hechizos y ceremonias, representándola con aire, tierra, fuego y agua. También emplean sal, que tiene propiedades limpiadoras y a menudo se usa para purificar el yo, el hogar, los objetos o las herramientas mágicas. Queman sal para obtener sal negra, que tiene propiedades limpiadoras aún más poderosas porque se quema con flores curativas. Las flores, las hierbas y las especias representan otra forma en que los paganos eslavos usan el poder de la naturaleza dentro de sus prácticas.

Para los paganos eslavos, el sol y la luna son las fuentes más potentes de energías protectoras y curativas. Tomar sol puede proporcionar empoderamiento para enfrentar los próximos obstáculos. Mirar a la luz de la luna limpiará la energía de una persona. Del mismo modo, dejar objetos bajo el sol o la luna los cargará con sus respectivos poderes.

Los paganos eslavos tienen varios métodos de adivinación populares. Uno de los más extendidos consiste en derretir cera y verterla en agua. A medida que la cera se endurece en el agua, crea ciertas formas que se analizan para determinar qué mensajes pueden revelar sobre el futuro.

## Dioses y diosas más importantes

Si bien no está claro si los paganos eslavos alguna vez tuvieron un panteón unificado de dioses, sabemos que tienen varias deidades que fueron y siguen siendo adoradas en varias regiones eslavas.

### Perún

Perún, el dios del trueno, vigilaba el cielo y enviaba sus luces. Era un dios de la guerra y tenía muchas similitudes con los dioses nórdicos Odín y Thor. Perún se asociaba a los robles y a partes activas de la naturaleza, y a menudo se describe como una entidad muy masculina.

Según un famoso mito eslavo, en la antigüedad, un roble sagrado era el hogar de todas las criaturas vivientes de este mundo. Las ramas superiores del árbol simbolizaban el cielo; su tronco y ramas inferiores estaban reservados para la tierra, mientras que sus raíces representaban el inframundo. Perún residía en las ramas superiores para ver todo lo que sucedía en el mundo. En la antigüedad, Perún era típicamente honrado en la naturaleza, y más tarde los devotos le construyeron templos y santuarios. Estos fueron erigidos en lugares muy altos para que los mensajes pudieran llegar a Perún más fácilmente.

## Dzbog

Dzbog era el dios de la fortuna y el gobernador del fuego y la lluvia. Según las leyendas eslavas, daba vida a los cultivos en los campos desde el principio de los tiempos y en cada primavera. Su nombre se puede traducir en "abundancia" o "el dios que da", lo que implica que puede proporcionar abundante generosidad y cosecha. Dzbog era el patrón del fuego del hogar, otro elemento que permitía que un hogar se llenara de algo que todos necesitan: amor y prosperidad espiritual. Los devotos hacían ofrendas a Dzbog junto a un fuego ardiente, pidiéndole que se asegurara de que siempre tuvieran fuego para calentarse durante los meses más fríos.

## Veles

Veles era el infame dios cambiaformas. A diferencia de Perún, que solo traía lluvia e iluminación, Veles traía tormentas que podían causar mucho daño. Debido a la rivalidad entre estas dos deidades, a menudo se decía que Veles usaba trucos para acercarse a Perún. Por ejemplo, un cuento lo describe tomando la forma de una serpiente y deslizándose por el roble sagrado para ver lo que Perún estaba haciendo en las ramas superiores. Según otras leyendas, Veles robó la novia y los hijos de Perún y los escondió en el inframundo. En muchos aspectos, Veles es muy similar a Loki, el dios tramposo nórdico. Se dice que practica la magia y la hechicería para traer obstáculos y contratiempos a la vida de las personas y los dioses.

## Belobog y Czernobog

Belobog y Czernobog representan las reglas de las fuerzas opuestas. El primero era el dios de la luz, mientras que el otro era el dios de las tinieblas. Algunos dicen que no eran dos deidades, sino los dos aspectos de la misma deidad. Esta última creencia se deriva de la falta de evidencia de que Belobog o Czernobog sean adorados individualmente. Si bien se desconocen los orígenes de cualquiera de las deidades, la mayoría de los paganos eslavos están de acuerdo en que Czernobog (el dios negro) era una deidad con tendencias oscuras. Probablemente fue maldecido de pequeño y fue asociado a la muerte y la desgracia. Si las personas no se protegen, Czernobog puede causarles mucho daño. En algunas leyendas, se lo describe como un demonio. Por otro lado, Belobog era lo opuesto. Su nombre se traduce como "dios blanco" y a menudo se le oraba por bendiciones, guía y protección contra el mal o contra Czernobog.

## Lada

Lada era la diosa del amor y la belleza, asociada con la primavera y la fertilidad. Era la patrona eslava del matrimonio y de los recién casados. Lada a menudo era invocada en bodas para bendecir la unión de recién casados. Tenía un hermano gemelo, Lado, con asociaciones similares y que también era llamado para bendecir uniones mortales. Otras fuentes afirman que Lada y Lado eran dos caras de la misma entidad, unificadas en el equilibrio perfecto de la energía femenina y masculina. Esto les permitía traer armonía a la vida de las parejas. En algunas fuentes, a Lada se le da un papel maternal. Se dice que es cariñosa con los que la siguen y la celebran. Lada es similar a la diosa nórdica Freyja, que también se asocia al amor, la belleza y la fertilidad.

## Marzanna

Marzanna era la diosa eslava del invierno y la muerte. Era responsable de la muerte de la tierra durante los meses de invierno. Sin embargo, se cree que muere con el suelo, y que revive en primavera. Algunos cuentos afirman que renace como Lada, mientras que otros mitos afirman que Lada solo se hace cargo del dominio de la tierra en primavera. En varias tradiciones eslavas, Marzanna está simbolizada por una efigie, quemada o ahogada, como señal de un fin de ciclo y comienzo de otro.

## Mokosh

Mokosh era la diosa de la fertilidad y la protectora de las mujeres. Como figura materna, velaba por las mujeres embarazadas y el nacimiento de sus hijos y garantizaba su bienestar en la crianza. Está vinculada a las tareas domésticas asociadas a las mujeres, como cocinar, tejer e hilar. Entre los eslavos orientales, Mokosh era vista como fuente de fertilidad. Le hacían ofrendas y la representaban con piedras en forma de pechos durante rituales y ceremonias. Otras veces, se la representa con órganos reproductores masculinos porque, como deidad de la fertilidad, también es responsable de la fertilidad masculina.

## Svarog

Svarog era la deidad del fuego, el dios del sol, similar a Hefesto en la mitología griega. Estaba asociado a la orfebrería y la forja de metales. En la mitología eslava, Svarog fue el creador del mundo. Svarog a veces trabajaba junto a Perun, y las dos deidades a menudo se mezclan en un dios padre todopoderoso. Según la tradición, Svarog creó el mundo mientras dormía. Sus sueños dieron forma a la Tierra y al mundo como todos lo conocemos. Algunas fuentes afirman que Svarog continúa dando forma al mundo mientras duerme, y cuando se despierte, el mundo acabará.

### Zorya

En la mitología eslava, Zorya es la diosa del crepúsculo y el amanecer. Está asociada a las estrellas matutina y vespertina, mostrando sus dos aspectos. Su aspecto matutino (Zorya Utrennjaja) abre las puertas del cielo al amanecer. Su aspecto vespertino (Zorya Vechernjaja) cierra las mismas puertas al atardecer. Según una conocida leyenda, Zorya muere a medianoche después de la muerte del sol. Luego renace por la mañana, al igual que el sol, que revive al amanecer.

## Festivales y celebraciones

El mundo de los paganos eslavos es cíclico, lo que significa que todos los eventos se repiten cada año. Suelen celebrar los cambios en la naturaleza y las estaciones. Los principales eventos se celebraban en una serie de coloridas festividades que incorporaban diferentes rituales, ofrendas y fiestas.

Al observar la mitología eslava, es fácil entender las fechas más notables de su calendario. El calendario eslavo se basa en el año lunar. Este año comienza el primer día de marzo, similar a los calendarios tradicionales de otras antiguas culturas paganas. Varios días festivos conocidos en los calendarios de la era moderna se basan en las costumbres paganas eslavas. Halloween y Pascua son dos ejemplos de cómo las tradiciones generalizadas de adorar a las deidades eslavas se han convertido en fiestas modernas.

Otro ejemplo son las fiestas que se celebran en nombre de Veles. Veles era el dios del inframundo y era celebrado entre los paganos eslavos el último día del año. A continuación se presentan las fiestas eslavas más destacadas.

### Koleda

Koleda es la celebración del comienzo del año pagano eslavo. En la antigüedad, era una celebración de Año Nuevo que tenía lugar durante el solsticio de invierno en diciembre. Después de que el paganismo eslavo cayera bajo la influencia del cristianismo, el Koleda se unificó con las vacaciones de Navidad. Sin embargo, el nombre de la festividad sigue siendo Koleda entre aquellos que siguen una filosofía pagana eslava, y suele celebrarse a través de costumbres ancestrales. Según diferentes mitos eslavos, la fiesta lleva el nombre de Kolyada, el dios del invierno, o Koliada, la diosa que revive al sol todas las mañanas.

El Koleda es un festival profundamente espiritual. Muchos devotos lo usan para celebrar rituales, hechizos y ceremonias como limpiezas espirituales. Esta tradición está ligada al papel de los espíritus en el sistema de creencias Salvic. El propósito principal de las celebraciones de Koleda es alejar los malos espíritus y las energías tóxicas del hogar y reemplazarlos con buenos espíritus y vibraciones positivas.

En la antigüedad, los eslavos se disfrazaban de animales y dedicaban oraciones y canciones a los buenos espíritus, invocándolos a través de la danza. A veces, la gente dejaba que la agresión se apoderara de ellos y se generaban peleas. Era un ritual que permitía una última oportunidad para que los malos espíritus controlaran el cuerpo, y luego debían abandonar la vida de las personas. Vestirse como animales era una forma de honrar a Veles, el dios del inframundo, los animales y los bosques. Simultáneamente, el Koleda también se dedica a otra deidad, Perun, el dios del trueno. Los dos dioses representan las dos caras de la misma moneda. Uno trae destrucción, mientras que el otro es creatividad. Establecen la abundancia natural, algo sagrado a ser honrado.

El Koleda es un momento de unión para las comunidades paganas eslavas. La comida suele compartirse. Dependiendo de las costumbres locales, la gente se reúne para comer, hablar y encender un fuego. Los niños están encargados de recolectar leña y llevar comida a las reuniones comunitarias. Mientras realizan sus tareas, cantan canciones Kolyadki, que hablan de deseos de felicidad, prosperidad y paz para todos al final del año.

**Komoeditsa**

Komoeditsa es una fiesta de primavera dedicada al dios oso. La celebración se produce a principios de marzo, en el equinoccio de primavera. La gente ofrece comida a esta deidad en el bosque. Para endulzar a la deidad, la gente le regalaba crepes con mermelada casera. Si bien este ritual de ofrenda de alimentos rara vez se practica en los tiempos modernos, su nueva versión, Maslenitsa, es muy popular. Debido a las influencias cristianas, el Maslenitsa se ha integrado al Carnaval cristiano occidental y se celebra más o menos en la misma época. Es un festival de una semana que termina con una ceremonia llamada "Domingo de Perdón". Durante esta ceremonia, la familia, los amigos y los miembros de la comunidad se reúnen para compartir un festín y pedir perdón. Pueden intercambiar regalos para mostrar sus remordimientos.

En algunos territorios, el Komoeditsa está dedicado a Lada y Lado, las deidades eslavas que ganan la mayor parte de sus poderes alrededor del equinoccio de primavera. Su fuerza radica en su capacidad para mezclar energías masculinas y femeninas, y simbolizan la fertilidad de la naturaleza y la nueva vida. La fiesta celebra el renacimiento de la naturaleza durante la primavera.

### Krasnaya Gorka

Otra festividad primaveral en las culturas paganas eslavas es el Krasnaya Gorka. Este festival permite a los jóvenes conocerse, compartir una conversación, generar intimidad, posiblemente enamorarse y encontrar a sus futuros cónyuges. El festival dura varios días, y en la culminación, las jóvenes y los hombres se disfrazan, se reúnen, bailan juntos y cantan canciones sobre el amor y la felicidad. En algunas regiones, se dice que si una persona soltera se queda en casa durante el Krasnaya Gorka, permanecerá soltera por el resto de sus vidas.

En otras regiones, se anima a los jóvenes a pintar huevos de color amarillo o verde y compartirlos. Además de unir a las personas, este ritual honra a los antepasados. Tradicionalmente, los jóvenes hacen pasteles y crepes. Sin embargo, antes de eso, intercambiaban huevos y aceite, lo que les ayudaba a recordar y compartir la sabiduría de sus antepasados.

### Kupala

El Kupala, conocido como "noche de Kupala" o "solsticio de verano", es una fiesta de verano, tradicionalmente celebrada a mediados de junio, en la noche más corta del año calendario. Durante estas festividades, la gente se reunía para cantar canciones alegres, bromear y contar chistes. Según las tradiciones eslavas, las mujeres eran más fértiles durante la noche de Kupala, y muchas parejas aprovechaban para concebir hijos sanos. Se creía que la noche o el día antes y después de la noche de Kupala aumentaba las posibilidades de un parto saludable.

Además de cantar y bailar, la gente usaba agua para simbolizar sus deseos de fertilidad y limpieza. Las mujeres que querían concebir se bañaban en agua cargada mágicamente para aumentar su energía femenina. Las doncellas jóvenes decoraban su cabello con flores frescas durante el día, y cuando llegaba la noche, se quitaban sus adornos y los arrojaban al río. Las flores arrojadas al agua representaban el deseo de una relación romántica y un matrimonio. Si las flores flotaban en la superficie del agua, se concedían los deseos de matrimonio de la niña. Sin embargo, si las flores se hundían, no llegaría ninguna relación o boda. Los niños entraban al agua, intentando rescatar las flores y despertar el interés de la doncella cuyas flores atrapaban. En algunas regiones, el culto a Kupala implica caminar hacia el bosque al atardecer para encontrar una flor de helecho, que supuestamente tenía propiedades mágicas y florecía solo en esta noche. En otros lugares, el Kupala es simplemente celebrado por miembros de la comunidad que se reúnen junto a un gran fuego a cantar, bailar y saltar.

### El festival de Perún

La fiesta del Perún se celebra a finales del verano. Para los paganos eslavos, es una forma de recibir la nueva temporada y llorar la anterior. Se dice que en esta época del año, los poderes de la naturaleza pasan de lo femenino a lo masculino.

La gente celebra el festival de Perún ofreciendo sacrificios a esta deidad. Saben que era el responsable de favorecer a la naturaleza durante el otoño, por lo que es crucial mantenerlo tranquilo. Las festividades a menudo incluyen encender una hoguera sagrada y usar amuletos protectores cargados de energía positiva. En la antigüedad, los hombres usaban estos amuletos cuando estaban en batalla. Durante el festival, los guerreros mostraban sus habilidades de guerra. Al final de las festividades, los hombres recreaban una pelea entre Perún y Veles, donde ganaba Perún.

### El festival de Mokosh

Este festival marca el equinoccio de otoño en las religiones eslavas. Representa el comienzo de la temporada de cosecha y se celebra con la fiesta de la vendimia (conocida como Rodogosch o Tausen). El festival culmina con un ritual dedicado a Mokosh, la diosa de la tierra.

Mokosh a menudo representa la tierra húmeda, lo que indica su energía femenina. Los devotos encendían un fuego en el hogar o, en los tiempos modernos, una vela para honrar a la diosa. Esta diosa puede ser representada por una rueda durante el festival.

Las mujeres a menudo le piden a Mokosh que les ayude a proteger a sus familias y mantenerlas unidas y nutridas con energía positiva. La celebración de Mokosh disminuyó en popularidad a medida que la cultura eslava se volvió más patriarcal. Sin embargo, todavía hay regiones donde se celebran las viejas costumbres.

# Un ritual para conectar con la naturaleza

Dado que el paganismo eslavo es una religión basada en la naturaleza, los seguidores a menudo realizan rituales para mejorar su conexión con la naturaleza. El siguiente rito se puede llevar a cabo siempre que desee acercarse a la naturaleza para obtener sus bendiciones, como fertilidad y energía. Se recomienda realizar este ritual en un día soleado en un lugar con mucha luz solar, ya que el sol es crucial en la fertilidad de la naturaleza.

**Elementos:**

- La representación de los cuatro elementos de la naturaleza (el aire, el fuego, la tierra y el agua). Puede usar una vela para el fuego.
- La representación de un quinto elemento, la sal.
- Una representación de un ser natural, por ejemplo, una planta o un pequeño animal.
- Una representación de una deidad (si está trabajando con una).
- Incienso natural (como savia de árbol).
- Luz solar o representación del sol.

**Instrucciones:**

1. Encuentre un espacio tranquilo para su ritual, preferiblemente cerca de una ventana en un día soleado. Si tiene un altar, hágalo allí. Alternativamente, vaya a un claro natural y realice el ritual directamente bajo el sol. De esta manera, solo necesita llevar algunos elementos al lugar del ritual (ya que algunos ya estarán allí).
2. Reúna sus suministros y colóquelos frente a usted. Los cuatro elementos deben colocarse en las cuatro esquinas del espacio frente a ustedes, mientras que el quinto debe colocarse en el medio.
3. Encienda la vela y coloque la planta o el animal frente a usted.
4. Respire hondo y concéntrese en su intención. Conecte con la naturaleza.
5. Cuando esté listo, diríjase a la naturaleza con las siguientes palabras:

"Naturaleza sagrada, te respeto y te honro.

Tú me centras y me conectas a tierra, y deseo permanecer cerca de ti.

Por favor, bendíceme con abundancia, y siempre estaré agradecido por tus dones".

6. Mire hacia el sol y sienta cómo lo ayuda a conectar. Sienta cómo se revitaliza y se prepara para asumir los desafíos de la vida.
7. Más tarde, incluso podría inspirarse para ser más productivo o fértil en diferentes áreas de la vida.

# Capítulo 6: Politeísmo griego

El politeísmo griego, a menudo denominado "helenismo", abarca una amplia gama de creencias y prácticas. En esencia, el politeísmo helénico comprende múltiples caminos espirituales que surgen de la vibrante y compleja mitología antigua de Grecia. Esta religión politeísta honra a un panteón diverso de dioses y diosas, cada uno con personalidades, historias y poderes únicos. Los practicantes que buscan revivir las antiguas prácticas religiosas griegas en una religión pagana moderna son conocidos como: helenos, reconstruccionistas helénicos o paganos helénicos. Por el contrario, otros practicantes afirman haber heredado las tradiciones antiguas originales transmitidas a través de los siglos. Independientemente de cuál sea su camino, el politeísmo griego es un viaje de descubrimiento y una oportunidad para explorar el rico patrimonio cultural de miles de años.

Dioses y diosas griegas [6]

Muchas personas comparan el sistema de creencias helenístico con el paganismo. Si bien la palabra "*pagano*" se ha utilizado históricamente para describir cualquier religión no abrahámica, el helenismo es en gran medida un término general. La comparación del helenismo con el paganismo depende de cómo una persona defina el "paganismo". Por ejemplo, si considera que el paganismo se refiere a la fe no abrahámica, entonces sí, el helenismo entra en el concepto de las religiones paganas. Sin embargo, si define al paganismo como una religión moderna basada en la Tierra y el culto a la diosa, el politeísmo griego no encajaría en esta descripción. El politeísmo helénico se centra más en los antiguos dioses y diosas griegos.

Además, algunos helenos están en desacuerdo con ser etiquetados como paganos, ya que muchas personas asumen que todos los paganos son wiccanos, lo cual no es el caso. Algunos estudiosos argumentan que el término "pagano" nunca fue utilizado por los propios griegos para describir sus religiones. Esta teoría sugiere que los orígenes de la palabra "pagano" provienen de una palabra latina, traducida como "rústico" o "del campo", y fue utilizada originalmente por los primeros cristianos para referirse a los no cristianos. Fuera de la corriente principal de la sociedad, el término nunca fue usado en Grecia. Más aún porque el culto en la antigua Grecia estaba descentralizado, y cada ciudad tenía su propio culto y tradiciones. Por lo tanto, los griegos no se consideraban una entidad unificada como los romanos.

Si bien el politeísmo griego comparte muchas similitudes con el paganismo, particularmente su renacimiento moderno, las personas deben ser conscientes de las distinciones entre estos dos sistemas de creencias. El helenismo es una religión rica y compleja que abarca muchos aspectos de la filosofía, la religión y la vida social griegas. Surgió en la antigua Grecia durante el periodo clásico e influyó profundamente en el desarrollo de la civilización occidental. Este capítulo explica exhaustivamente el sistema de creencias helenístico, incluyendo su desarrollo histórico, costumbres y prácticas. En este capítulo descubrirá todos los aspectos del politeísmo griego, desde sus orígenes hasta sus celebraciones modernas.

# Cómo la historia dio forma al sistema de creencias griego

La antigua Grecia es conocida como la cuna de la civilización occidental, pero ¿cómo surgió esto? ¿Cómo surgió el sistema de creencias politeísta? ¿Cuáles fueron los factores que dieron forma al helenismo y a la mitología griega? Las raíces del sistema de creencias griego se remontan a tiempos prehistóricos, cuando los lugareños creían en numerosos espíritus y deidades asociados a la naturaleza. Con el tiempo, las influencias culturales y los eventos históricos, este sistema de creencias se desarrolló aún más hasta convertirse en el complejo panteón de dioses que conocemos hoy en día.

Uno de los factores más importantes fue la influencia de las culturas vecinas. Los griegos estuvieron expuestos a muchas religiones y mitologías de otras civilizaciones, como Egipto, Mesopotamia y el Cercano Oriente. Adoptaron y adaptaron muchas de estas historias y creencias, y las incorporaron a su religión. Cada civilización contribuyó con sus elementos únicos al desarrollo de la mitología y la religión griegas:

### Influencia egipcia

Los griegos estaban fascinados por la religión y la mitología egipcias, con su complejo panteón de dioses y diosas asociados a fenómenos naturales y animales específicos. Los griegos estaban particularmente interesados en el dios Thoth, asociado al conocimiento y la escritura. Con el tiempo, identificaron a Thoth con su dios Hermes, quien se hizo conocido como el mensajero de los dioses y el patrón de los viajeros y comerciantes. Esto condujo al desarrollo del hermetismo, una tradición espiritual que combinaba elementos de la religión y la filosofía griega y egipcia.

### Influencia mesopotámica

El mito babilónico de la creación del dios Marduk tras matar al dragón primordial Tiamat y creando el mundo a partir de su cuerpo fue particularmente influyente en el mito griego de la creación. En la mitología griega, Zeus y sus hermanos derrocan a su padre, el titán Cronos, y se establecen como los gobernantes del universo. El mito mesopotámico también influyó en la historia del héroe griego Perseo, que mata a Medusa y usa su cabeza como arma.

### Influencia de Oriente Próximo

El Oriente Próximo, o Cercano Oriente, también tuvo una gran influencia cultural en los griegos, y la antigua ciudad de Ugarit fue un importante centro de comercio y cultura en el Mediterráneo oriental. El panteón ugarítico de dioses y diosas, incluido Baal, el dios de las tormentas y la fertilidad, y Anat, la diosa de la guerra y la caza, influyó particularmente en los griegos. Muchas de las historias y atributos de estos dioses y diosas fueron adaptados e incorporados al Panteón griego. Por ejemplo, la diosa Atenea, asociada a la guerra y la sabiduría, podría haber sido influenciada por la diosa Anat.

El sistema de creencias politeísta de la antigua Grecia fue influenciado por las culturas vecinas y moldeado por los escritos y obras de poetas, dramaturgos y filósofos griegos. Estas son algunas de las formas en que estos individuos contribuyeron al desarrollo del politeísmo griego:

### Hesíodo y Homero

Hesíodo y Homero fueron dos de los primeros y más influyentes poetas griegos. Escribieron poemas épicos cuyos personajes principales eran dioses y diosas. La "Teogonía" de Hesíodo y la "Ilíada" y "Odisea" de Homero proporcionaron a los griegos una base para su comprensión de los dioses y sus relaciones entre sí y con los mortales. La "Teogonía" de Hesíodo, en particular, detalla la creación del mundo y la genealogía de los dioses, una jerarquía establecida de deidades, y ayudó a definir sus roles y características.

### La tragedia griega

La tragedia griega, que surgió en el siglo V a. C., fue una importante fuerza cultural que contribuyó al desarrollo del politeísmo griego. La tragedia a menudo presentaba historias sobre los dioses y sus relaciones con los mortales. Exploraba temas del destino, la justicia divina y las limitaciones del entendimiento humano. Dramaturgos como Esquilo, Sófocles y Eurípides utilizaron sus obras para explorar preguntas complejas sobre la naturaleza de los dioses y su relación con la humanidad. Por ejemplo, en la "Antígona" de Sófocles, la heroína desafía las leyes de la ciudad para honrar la ley divina, lo que lleva a un conflicto entre la autoridad del estado y la autoridad del dios.

### Filosofía griega

La filosofía griega surgió en el siglo VI a. C. y contribuyó al desarrollo del politeísmo griego. Filósofos como Platón y Aristóteles utilizaron sus obras para explorar la naturaleza de los dioses y su relación con el mundo.

Por ejemplo, el concepto de Platón de las *Formas* sugería que los dioses representaban la forma más alta y perfecta de la realidad. Por otro lado, Aristóteles argumentó que los dioses eran los motores inmóviles del universo, responsables de poner el mundo en movimiento, pero no de intervenir activamente en los asuntos humanos.

Los griegos también creían en el concepto de destino, que estaba estrechamente ligado a su comprensión de los dioses. Creían que los dioses controlaban los eventos del mundo y que los humanos estaban sujetos a sus caprichos. Esta idea fue reforzada por los oráculos venerados en toda Grecia como fuentes de sabiduría y guía divina.

## Politeísmo griego y espiritualidad

Como ya sabe, el helenismo se basa en la adoración de un panteón de dioses y diosas. En el núcleo de la creencia helénica está la idea de que todo en el mundo está interconectado. Se expresa a través del concepto de cosmos, que se refiere al orden y la armonía del universo. Se cree que los dioses desempeñan un papel importante en el mantenimiento de este orden, y su adoración es una forma de mantener el equilibrio entre el mundo natural y la sociedad humana.

Los dioses son una parte central de la creencia y la práctica helénica. Cada dios o diosa está asociado a un aspecto específico del mundo natural, como el cielo, el mar o la tierra. Se asocian a virtudes como la sabiduría, el coraje o la belleza. Los practicantes helénicos a menudo desarrollan relaciones personales con los dioses a través de la oración, la meditación y las ofrendas. Los dioses no son vistos como omniscientes u omnipotentes, sino que se cree que tienen sus propias personalidades, deseos y áreas de influencia.

Los mitos y leyendas son una parte esencial de la tradición helénica, y se entretejen en su cultura. No son solo historias, sino depósitos de sabiduría, conocimiento y comprensión del funcionamiento del universo. A través de estos mitos y leyendas, los practicantes helénicos se conectan con los dioses, entienden los misterios del mundo natural y obtienen una apreciación más profunda de su lugar en el cosmos.

La narración de cuentos es vital para la práctica helénica. Cuentan con muchos rituales y ceremonias que incorporan mitos y leyendas. Estas historias a menudo se ritualizan, y el narrador actúa como un conducto entre los dioses y los oyentes. A través del poder de la narración, los practicantes helénicos pueden conectarse con lo divino, obtener información sobre sus vidas y fortalecer los lazos con su comunidad. Un mito que dio forma al sistema de creencias del helenismo fue la Cosmogonía de Hesíodo.

La Cosmogonía de Hesíodo es un mito de la creación que explica los orígenes del universo y el nacimiento de los dioses. Es una historia que ha capturado la imaginación de las personas durante siglos y continúa influyendo en el sistema de creencias helenístico actual. Y dice así:

Al principio de todo, había Caos, un vacío sin forma. Del Caos surgieron dos seres primitivos: Gaia, la Tierra, y su primogénito, Urano, el "cielo estrellado". Gaia tuvo muchos hijos, incluidos los Titanes, que fueron los primeros dioses. Entre los Titanes había figuras poderosas como Cronos, Rea y Océano.

Sin embargo, Urano era un padre cruel y tiránico, y sus hijos no eran felices. Cronos, el más joven de los Titanes, finalmente se rebeló contra su padre y lo derrocó con la ayuda de su madre, Gaia. Luego de convertirse en el nuevo gobernante de los dioses, Cronos se volvió aún más tiránico que Urano. Se tragó a sus hijos para evitar que lo desafiaran.

Sin embargo, uno de los hijos de Cronos, Zeus, se salvó. Creció en secreto y finalmente derrocó a su padre, convirtiéndose en el rey de los dioses. Con la ayuda de sus hermanos, los olímpicos, Zeus derrotó a los Titanes y se convirtió en el gobernante indiscutible del cosmos.

La historia de la Cosmogonía de Hesíodo proporciona una explicación fascinante de los orígenes del universo y es crucial para dar forma al sistema de creencias del helenismo. El mito enseña la importancia del orden, el equilibrio y la armonía en el mundo. Los dioses sirven como guías, personificando estos ideales, para que los mortales los sigan en su vida diaria.

## Dioses y diosas

Cada dios y diosa en la mitología griega tenía un papel y atributos únicos que reflejaban diferentes aspectos de la experiencia humana. Juntos, formaban un panteón complejo e interconectado para explicar los fenómenos naturales, las emociones humanas y las complejidades de sus relaciones.

### Zeus

Zeus era el rey de los dioses y el dios del cielo y el trueno. Era conocido por su poder, fuerza y sabiduría. A menudo se le representaba como un hombre fuerte y musculoso con barba, sosteniendo un rayo.

Estaba casado con su hermana, Hera, que era parte de los doce dioses olímpicos. Zeus era conocido por sus numerosos romances y tuvo muchos hijos con mujeres mortales e inmortales. Era conocido por su sentido de justicia y por el mantenimiento del orden en el mundo.

### Hera

Hera es la reina de los dioses y la diosa del matrimonio, el parto y la familia. A menudo se la representaba como una mujer hermosa con una corona o un tocado, sosteniendo una flor de loto o un cetro. Era ferozmente leal a su esposo, Zeus, pero era conocida por sus celos. Era protectora de mujeres y niños y estaba asociada al ámbito doméstico. Sus hijos son Hefesto, dios del fuego y la artesanía, y Ares, dios de la guerra.

### Poseidón

Poseidón era el dios del mar, los terremotos y los caballos. A menudo se le representaba como un hombre musculoso con un tridente, montado en un carro tirado por caballos. Era conocido por su temperamento y a menudo se lo asociaba a la destrucción y la creación. Entre sus tres hermanos dividieron el mundo: Zeus recibió el cielo, Hades recibió el inframundo y Poseidón recibió el mar.

### Deméter

Deméter era la diosa de la agricultura y la fertilidad. A menudo se la representaba como una mujer madura, con una gavilla de trigo o una cornucopia. Era la hermana de Zeus y la madre de Perséfone, quien fue secuestrada por Hades y llevada al inframundo. Se decía que el dolor de Deméter por la pérdida de su hija había causado el cambio de estaciones, y que los áridos meses de invierno representaban el momento en que Perséfone estaba en el inframundo.

### Atenea

Atenea era la diosa de la sabiduría, la estrategia y la guerra. A menudo se la representaba como una mujer fuerte y hermosa que llevaba un casco, un escudo y una lanza. Nació completamente desarrollada y protegida por su padre, Zeus. Era una diosa virgen asociada con las artes, las ciencias, el deber cívico y la justicia.

### Apolo

Apolo era el dios de la música, la poesía, la profecía y la curación. Era hijo de Zeus y Leto y hermano gemelo de Artemisa. Era conocido por sus habilidades musicales y a menudo se lo representaba con una lira o un arco y flechas. Apolo estaba asociado al Sol y se creía que conducía su carro en el cielo a diario. A menudo era consultado como oráculo en el templo de Delfos y se creía que tenía el poder de curar.

## Artemisa

Artemisa era la diosa de la caza, el desierto, el parto y la virginidad. Era la hija de Zeus y Leto y la hermana gemela de Apolo. Artemisa a menudo se representaba con un arco y flechas y era conocida por su habilidad como cazadora. Estaba asociada con la Luna y se creía que ayudaba a las mujeres durante el parto. Artemisa a menudo era venerada como protectora de las mujeres jóvenes y defensora de la virginidad.

## Deméter

Deméter era la diosa de la agricultura, la fertilidad y la cosecha. Era hija de Cronos y Rea y hermana de Zeus. Deméter a menudo se representaba con una gavilla de trigo o maíz. Era venerada como protectora de los agricultores y de los que trabajaban la tierra. Estaba asociada a las estaciones y se creía que tenía el poder de provocar los cambios de todas las estaciones.

## Dioniso

Dioniso era el dios del vino, la fertilidad y el teatro. Era hijo de Zeus y Sémele y a menudo se lo representaba sosteniendo una copa de vino y rodeado de juerguistas. Dioniso estaba asociado a la naturaleza y solía ser adorado en rituales que involucraban vino y bailes extáticos. Era conocido por su capacidad para inspirar creatividad y era venerado como un mecenas de las artes.

## Hades

Hades era el dios del inframundo y de los muertos. Era hijo de Cronos y Rea y hermano de Zeus y Poseidón. Hades gobernaba sobre los muertos y a menudo era representado como una figura oscura y premonitoria. Estaba asociado a la riqueza, ya que se creía que los minerales subterráneos eran de su dominio. Los mortales temían a Hades, ya que la muerte era vista como una separación final e irreversible del mundo de los vivos.

## Hefesto

Hefesto era el dios griego del fuego, la metalurgia y la artesanía. Era hijo de Zeus y Hera. Hefesto era conocido por su habilidad excepcional en la elaboración de armas, armaduras y otros objetos de metal. A pesar de su importante papel en la mitología griega, a menudo era retratado con un físico poco atractivo, con una pierna flácida o deformada. Según las historias, su madre lo echó del Olimpo por su apariencia. Aterrizó en la isla de Lemnos, donde instaló su herrería. A pesar de sus limitaciones físicas, Hefesto era muy respetado por los otros dioses por su habilidad y creatividad. Se decía que había creado muchas de las armas y artefactos más famosos de la mitología griega, como los rayos de Zeus, el escudo de Aquiles y el carro del Sol.

### Hermes

Hermes era uno de los doce dioses olímpicos de la mitología griega. Era hijo de Zeus y la Pléyade Maia y era conocido como el mensajero de los dioses. Hermes era un dios multifacético asociado a muchas responsabilidades, incluidos el comercio, los ladrones, los viajeros, los atletas y la diplomacia. Por lo general, se lo representaba como una figura juvenil y atlética, con un sombrero de ala ancha y con un caduceo (un bastón alado con dos serpientes envueltas a su alrededor). Era conocido por su velocidad y agilidad y a menudo los otros dioses lo llamaban para entregar mensajes o realizar tareas. Además de su papel como mensajero, Hermes era el dios de los ladrones y el comercio. Se creía que era el protector de los comerciantes y viajeros y estaba asociado a los límites entre diferentes lugares y reinos.

## Festivales y celebraciones

El calendario helénico estaba lleno de celebraciones y rituales en honor a los dioses y diosas de la mitología griega. Estos eventos servían como celebraciones religiosas e importantes ocasiones sociales y culturales que unían a las comunidades.

Una de las celebraciones más conocidas eran los Juegos Olímpicos, que se celebran cada cuatro años en honor a Zeus. Los juegos eran el lugar para la competencia atlética y actividades como correr, saltar y luchar. Los ganadores eran celebrados como héroes, y los juegos eran una forma de promover la unidad y la paz entre las ciudades-estado de la antigua Grecia.

Otro ritual importante eran los Misterios eleusinos, celebrados en honor a la diosa Deméter y su hija Perséfone. Los misterios eran rituales secretos abiertos solo a aquellos que habían sido iniciados en el culto de Deméter. Se decía que los rituales revelaban los secretos de la vida, la muerte y el más allá. Se creía que traían purificación espiritual e iluminación a los que participaban.

Las fiestas dionisíacas, celebradas en honor al dios Dioniso, eran otro acontecimiento importante en el calendario helénico. Estos festivales estaban marcados por música salvaje y estridente, danza y celebraciones festivas. Los seguidores de Dioniso creían que al participar en estos rituales extáticos, podían experimentar la comunión divina con ese dios y alcanzar un estado de trascendencia y liberación espiritual.

Además de las celebraciones y rituales tradicionales, los festivales y eventos de hoy en día están inspirados en el politeísmo helénico. Estos eventos a menudo son organizados por las comunidades helénicas modernas y sirven para honrar a los dioses y diosas de la mitología griega. Un evento es el Festival del Renacimiento Helénico, que se celebra anualmente en Grecia. Este festival presenta actuaciones de música, danza y teatro que celebran la herencia helénica de Grecia y rinde homenaje a los antiguos dioses y diosas.

## Ritual helénico

El helenismo otorga gran importancia a la práctica de rituales y ceremonias como formas de honrar a los dioses y mantener una conexión con lo divino. Estos rituales a menudo implican ofrecer sacrificios, como comida, bebida o animales. Los templos y otros sitios sagrados son importantes para los practicantes helénicos. Allí se puede contactar y adorar a los dioses. Estos rituales y ofrendas ayudan a reforzar la interconexión del mundo natural y la relación entre los humanos y los dioses.

Un sencillo ritual helénico que puede realizar es el Ritual de Libación. Este ritual consiste en verter una pequeña cantidad de vino, aceite de oliva o miel como ofrenda a los dioses y diosas.

**Materiales:**

- Un tazón o taza pequeña para la libación
- Vino, aceite de oliva o miel
- Una vela o incienso
- Cualquier ofrenda o símbolo que le gustaría incluir, como flores, hierbas o estatuas de los dioses y diosas

**Preparación:**
- Elija un espacio sagrado en su hogar o al aire libre y prepare el espacio usando símbolos u objetos significativos para usted.
- Encienda la vela o el incienso para crear un ambiente tranquilo y concentrado.
- Elija a la deidad o deidades que quiera honrar y prepare una pequeña ofrenda de vino, aceite de oliva o miel.

**Ritual:**
1. Párese frente a su altar o espacio sagrado y respire hondo, centrándose en el momento presente.
2. Encienda la vela o incienso, y ofrezca una oración o invocación a los dioses y diosas, invitándolos a su presencia para que bendigan su ritual.
3. Vierta una pequeña cantidad de la libación en el tazón o taza, y agradezca o manifieste su intención a la deidad que está honrando.
4. Levante el cuenco o taza en sus manos y ofrezca la libación como ofrenda a la deidad. Al verter el líquido, puede decir una oración, cantar un himno o simplemente ofrecer sus pensamientos e intenciones.
5. Después de que se vierta la libación, ofrezca otras ofrendas o símbolos, como flores, hierbas o incienso, y medite o reflexione sobre su conexión con la deidad y sus enseñanzas.
6. Cuando esté listo, apague la vela o incienso, y dé gracias a la deidad por su presencia y bendiciones.

**Consideraciones éticas y de seguridad:**
- Siempre sea respetuoso y atento al realizar cualquier práctica espiritual.
- Tenga cuidado al trabajar con velas o incienso, y asegúrese de no dejarlos desatendidos.
- Use solo una pequeña cantidad de alcohol si elige vino para la libación y evite beber alcohol en exceso durante el ritual.

El politeísmo y la espiritualidad griegos ofrecen una visión única y convincente del mundo, y ha influido en innumerables culturas a lo largo de la historia. Desde las complejas relaciones entre los dioses y las diosas hasta la importancia de la música, la danza y las fiestas, este sistema de creencias ofrece una rica y diversa gama de tradiciones que continúan inspirando hoy en día. Si usted es un seguidor del paganismo o simplemente está interesado en explorar nuevas prácticas espirituales, los rituales y celebraciones del helenismo ofrecen una forma poderosa de conectarse con lo divino y encontrar sentido a su vida.

# Capítulo 7: Wicca, una visión neopagana

El paganismo ha existido durante siglos y abarca diversas prácticas y creencias espirituales que honran el mundo natural y sus ciclos. Sin embargo, es difícil no pensar inmediatamente en la Wicca. La Wicca surgió a principios de la década de 1950 como una nueva forma de paganismo, inspirándose en antiguas prácticas y creencias paganas. A pesar de ser relativamente nuevo en comparación con otros caminos paganos, la Wicca ha crecido en popularidad a lo largo de los años y es una espiritualidad prominente e influyente en los tiempos modernos.

Pero, ¿qué es la Wicca? ¿En qué se diferencia de otras formas de neopaganismo? Mientras explora el mundo de la Wicca y el neopaganismo moderno, descubrirá un paisaje espiritual vibrante y diverso que honra la sacralidad de la naturaleza y los ciclos de la vida. Particularmente, la Wicca se basa en antiguas prácticas paganas y mágicas, e incorpora al mismo tiempo nuevas creencias e ideas. El camino de la Wicca es intrigante y complejo, e incluye cuestiones como la Rede Wicca y otras diversas tradiciones y festivales. Aunque a menudo se usan indistintamente, no todos los neopaganos son wiccanos, y viceversa. Veamos los matices y diferencias entre la Wicca y el neopaganismo, y descubra sus particularidades.

Las tradiciones y hechizos de la Wicca honran la naturaleza [7]

## Orígenes de la Wicca y el neopaganismo

La Wicca y el neopaganismo tienen sus raíces en antiguas prácticas paganas, que se extendieron por toda Europa antes de la difusión del cristianismo. El surgimiento del cristianismo condujo a la supresión y persecución del paganismo, pero las creencias y prácticas sobrevivieron y continuaron evolucionando en secreto. A principios del siglo XX, el interés por el paganismo resurgió, particularmente con el crecimiento de los movimientos ocultos y esotéricos. En la década de 1950, Gerald Gardner, un inglés iniciado en un aquelarre de brujas, promovió públicamente la Wicca como una nueva forma de paganismo. Esto marcó el nacimiento de la Wicca como un camino espiritual distinto, aunque se basó en gran medida en antiguas creencias y prácticas paganas.

Por otro lado, el neopaganismo se refiere a un paraguas más amplio de caminos paganos modernos que se inspiran en varias tradiciones antiguas. Incluye tradiciones como el druidismo, el asatru y el helenismo. El neopaganismo surgió en los años sesenta y setenta. Se caracteriza por un fuerte enfoque en las preocupaciones ecológicas y ambientales y un rechazo al patriarcado y otras estructuras jerárquicas.

# Comparación entre Wicca y neopaganismo

La Wicca suele estar asociada al neopaganismo. Sin embargo, es importante entender que no son sinónimos. Si bien todos los wiccanos son neopaganos hasta cierto punto, no todos los neopaganos son wiccanos. La Wicca es una tradición neopagana específica con sus propias creencias, prácticas y rituales.

Una de las diferencias clave entre la Wicca y otras tradiciones neopaganas es el énfasis en la brujería y la magia. Si bien muchas tradiciones neopaganas incorporan prácticas mágicas, la Wicca enfatiza fuertemente la magia como un aspecto central de su práctica. Otra diferencia es la existencia de cofradía. Mientras que algunas tradiciones neopaganas se practican en grupos, la Wicca es conocida por presentar cofradías típicamente dirigidas por una alta sacerdotisa o sacerdote.

# El sistema de creencias wiccanas

La Wicca es una religión pagana moderna con raíces en antiguas prácticas paganas. Se caracteriza por su reverencia a la naturaleza, la creencia en una figura divina femenina y masculina, y el uso de la magia y el ritual. Estos son algunos puntos clave en el sistema de creencias de la Wicca.

- **Politeísmo:** los wiccanos creen en la existencia de múltiples dioses y diosas, cada uno con sus distintas personalidades y áreas de influencia. Estas deidades a menudo se asocian con elementos y fuerzas naturales como el sol, la luna y la Tierra.

- **Polaridad divina:** los wiccanos creen en el concepto de polaridad divina, que postula que el universo está formado por dos fuerzas complementarias, la femenina y la masculina. Estas fuerzas a menudo están representadas por una diosa y un dios, respectivamente.

- **Reverencia por la naturaleza:** los wiccanos creen en la sacralidad inherente de la naturaleza y buscan vivir en armonía con el mundo natural. A menudo celebran los cambios de estación y los ciclos de la luna a través de rituales y ceremonias.

- **El poder de la intención:** los wiccanos creen que los pensamientos y las intenciones tienen el poder de dar forma al mundo. A menudo se expresa a través de magia y rituales.

## La Rede Wicca y su importancia

La Rede Wicca es una declaración de ética fundamental para el sistema de creencias Wicca. Declara que "Si no daña a nadie, haz lo que quieras". Es decir, que si sus acciones no causean daño a los demás, usted es libre de actuar de acuerdo con su propia voluntad. Esta Rede a menudo se interpreta como un llamado a la responsabilidad personal y al comportamiento ético. La Rede Wicca se utiliza a menudo como principio rector en la toma de decisiones y para promover acciones positivas y desalentar las negativas.

La Rede Wicca no es un mandamiento, sino una guía para el comportamiento ético. Corresponde al wiccano individual interpretar la Rede y aplicarla a sus vidas. Algunos wiccanos interpretan la Rede en el sentido de que deben evitar causar daño a cualquier ser vivo, mientras que otros adoptan un enfoque más matizado y entienden que a veces el daño es necesario para protegerse a sí mismos o a los demás.

La Rede a menudo se ve como una forma de promover la armonía y el equilibrio en el mundo. Los wiccanos creen que sus acciones tienen un efecto dominó que afecta al mundo que los rodea, y la Rede es una forma de promover la energía positiva y desalentar la energía negativa. Al seguir a la Rede, los wiccanos pueden vivir de acuerdo con sus creencias y promover un mundo más pacífico y armonioso.

## El papel de la magia en la Wicca

La magia es una parte integral del sistema de creencias de la Wicca. Los wiccanos creen que a través del ritual y la intención, pueden aprovechar el poder del universo y manifestar sus deseos a través de hechizos diseñados para dirigir la energía hacia un objetivo específico. Los wiccanos también creen en el karma, que establece que la energía que pone en el mundo volverá a usted. Por lo tanto, la magia es vista como una forma de promover un cambio positivo en el mundo mientras asume la responsabilidad de sus acciones.

## Tradiciones wiccanas

La Wicca es una religión muy diversa con muchas tradiciones diferentes. Cada tradición tiene sus prácticas, creencias y rituales únicos, y puede ser difícil comprender las diferencias. Esta sección proporciona una descripción general de algunas de las tradiciones wiccanas más populares y explica sus diferencias.

## Wicca gardneriana

Una de las tradiciones wiccanas más conocidas es la Wicca gardneriana, que Gerald Gardner fundó en la década de 1950. Esta tradición enfatiza la adoración del dios astado y la diosa madre y enfatiza fuertemente la iniciación y la pertenencia a la cofradía. La Wicca gardneriana es una tradición altamente estructurada, y se espera que sus miembros sigan reglas y prácticas específicas.

- Los rituales wiccanos gardnerianos se llevan a cabo típicamente en un círculo, representando el espacio sagrado entre el mundo físico y el espiritual. El círculo se construye utilizando varias herramientas y símbolos, como una varita o una espada, junto a los cuatro elementos (tierra, aire, fuego y agua) usados para proteger el espacio y a quienes se encuentran dentro de él.
- El ritual suele ser dirigido por una Suma Sacerdotisa o Sumo Sacerdote, con la asistencia de otros miembros de la cofradía. El ritual puede incluir cantos, tambores, bailes y meditaciones. Los miembros del aquelarre pueden asumir roles específicos durante el ritual, como invocar a un elemento o deidad en particular.
- Uno de los elementos clave de los rituales de la Wicca gardneriana es el uso del Gran Rito. Este rito implica una unión simbólica del dios astado y la diosa madre, representando la unión de las energías masculinas y femeninas. En algunos rituales, esto implica una cuchilla ritual (el athame) y un cáliz de vino u otro líquido.
- Otro aspecto importante de los rituales de la Wicca gardneriana es el uso de la energía mágica para manifestar deseos o intenciones. Por ejemplo, hechizos, visualizaciones u otras técnicas para enfocar y dirigir la energía hacia un objetivo en particular.
- Al final del ritual, el círculo se abre, se agradece y se liberan los elementos. Los miembros de la cofradía suelen compartir comida y bebida como símbolo de comunidad y compañerismo.

## Wicca alejandrina

Otra tradición popular de la Wicca es la Wicca alejandrina, fundada por Alex Sanders en la década de 1960. Esta tradición es similar a la Wicca gardneriana en muchos aspectos, pero pone un mayor énfasis en la magia ceremonial y el ritual. Los wiccanos alejandrinos a menudo usan varias herramientas y símbolos en sus rituales, como espadas, cálices y varitas.

- Una de las diferencias clave entre la Wicca gardneriana y la Wicca alejandrina es el enfoque en el uso de la magia ceremonial. Si bien ambas tradiciones usan el ritual y la magia para conectarse con lo divino, los wiccanos alejandrinos enfatizan en gran medida el uso de técnicas de magia ceremonial, como el drama ritual y correspondencias y símbolos específicos.

- Los rituales Wiccanos alejandrinos son similares en estructura a los rituales gardnerianos en términos de usar un círculo sagrado, invocar a los elementos y deidades, y usar el Gran Rito. Sin embargo, la Wicca alejandrina incorpora elementos adicionales, como drama ritual, trabajo en trance y correspondencias y símbolos específicos para enfocar y dirigir la energía mágica.

- Otro aspecto clave de la Wicca alejandrina es el sistema de grados, que consta de tres grados de iniciación. Al igual que con la Wicca gardneriana, la iniciación en cada grado implica enseñanzas y prácticas específicas, y se espera que los iniciados progresen para profundizar su comprensión y conexión con lo divino.

- Algunos otros aspectos notables de la Wicca alejandrina incluyen el símbolo de la Rosa Cruz, el énfasis en la magia ceremonial y el enfoque en el sistema de títulos como medio de crecimiento y desarrollo espiritual.

**Wicca ecléctica**

La Wicca ecléctica es una tradición más moderna que surgió en la década de 1970. Esta tradición está menos estructurada que la Wicca gardneriana o alejandrina y permite una mayor flexibilidad e individualismo. Los wiccanos eclécticos a menudo recurren a diversas tradiciones y prácticas y crean sus rituales y prácticas en función de sus creencias y experiencias personales.

- La Wicca ecléctica es una forma no iniciática de Wicca que a menudo practican personas que no se sienten atraídas por ninguna tradición o cofradía específica. Es una Wicca altamente individualizada que permite a los practicantes elegir elementos de varias tradiciones e incorporarlos a su práctica.

- Como su nombre indica, la Wicca ecléctica combina diferentes tradiciones wiccanas y otras prácticas espirituales y religiosas. Los practicantes de la Wicca ecléctica a menudo crean sus propios rituales, hechizos y correspondencias basados en lo que les resuena mejor.

- Dado que la Wicca ecléctica es tan personalizada, la tradición no tiene proceso de iniciación ni jerarquía. Muchos wiccanos eclécticos practican solos, pero algunos se unen a grupos o cofradías que también son de naturaleza ecléctica.

- Uno de los aspectos clave de la Wicca ecléctica es el énfasis en la responsabilidad personal y la idea de que el practicante es la máxima autoridad en su práctica espiritual. Por lo tanto, no hay una sola forma "correcta" de practicar la Wicca ecléctica, y se alienta a los practicantes a experimentar y encontrar lo que funciona mejor para ellos.

- Los wiccanos eclécticos se inspiran en numerosas fuentes, incluidas diferentes tradiciones wiccanas, otras espiritualidades paganas y terrestres, e incluso fuentes no espirituales, como la literatura o la cultura popular. Esto hace que la Wicca ecléctica sea una tradición altamente adaptable y flexible que puede satisfacer las necesidades e intereses de los practicantes individuales.

Hay muchas otras tradiciones wiccanas, incluida la Wicca diánica, que pone un mayor énfasis en adorar a la diosa; la Wicca celta, que se basa en las tradiciones de las antiguas culturas celtas; y la Tradición Feri, que enfatiza las experiencias extáticas y de trance.

Si bien cada tradición Wicca tiene sus prácticas y creencias únicas, hay muchas similitudes entre ellas. La mayoría de los wiccanos creen en la adoración de un dios astado y una diosa madre, y muchos enfatizan fuertemente los rituales y la magia. Sin embargo, las diferencias entre las tradiciones pueden ser significativas, y es importante que los wiccanos consideren cuidadosamente sus creencias y valores antes de elegir una tradición en particular.

# Festivales wiccanos

Los festivales wiccanos, conocidos como sabbats, son parte integral del sistema de creencias y el calendario wiccanos. Durante todo el año se celebran ocho sabbats importantes, cada uno de los cuales marca un punto importante en el ciclo agrícola y en el cambio de estaciones.

### Samhain

El Samhain se celebra el 31 de octubre y se considera el Año Nuevo wiccano. Es un momento para honrar a los antepasados, recordar a los seres queridos que han fallecido y dejar de lado las cosas que ya no te sirven. Este festival a menudo se asocia con la adivinación. Se cree que el velo que separa a los vivos y a los muertos está debilitado. La gente ofrendaba comida y bebida en sus puertas para honrar y dar la bienvenida a sus antepasados o les ponían un plato en la mesa. Esta práctica se asemeja a las celebraciones del Día de Muertos en México y otros países de América Latina. Como la adivinación era una parte importante de las celebraciones del Samhain, muchas personas creían que en esta noche podían comunicarse con los espíritus de sus antepasados y recibir sus mensajes y orientación. Usarían herramientas de adivinación como cartas del tarot, espejos videntes y pentagramas Ogham para conectarse con el mundo de los espíritus.

### Yule

El Yule se celebra en el solsticio de invierno, generalmente alrededor del 21 de diciembre. Marca el día más corto y la noche más larga del año. Es un momento para celebrar el regreso del Sol y el alargamiento de los días. El Yule a menudo se asocia con el nacimiento de un dios y la renovación de la Tierra. Muchos paganos y wiccanos modernos celebran el Yule como uno de los ocho sabbats, durante los cuales se reúnen para realizar rituales y hacer hechizos o celebrar de una manera más solitaria. Cualquiera sea el enfoque, el Yule es un momento para honrar los ciclos de la naturaleza y celebrar la luz que brilla dentro de todos.

### Imbolc

El Imbolc se celebra el 1 o 2 de febrero y marca el comienzo de la primavera. Es un momento para honrar a la diosa Brígida, que está asociada a la curación, la creatividad y la inspiración. El Imbolc se celebra a menudo con rituales de purificación y encendiendo velas para representar la luz del Sol. Además de los rituales de purificación y las velas, el Imbolc se celebra a través de banquetes e intercambios de regalos. Algunos alimentos tradicionales asociados con el festival incluyen productos lácteos, como leche, queso, pan y pasteles.

### Ostara

El Ostara se celebra en el equinoccio de primavera, generalmente alrededor del 20 de marzo. Marca el equilibrio entre la luz y la oscuridad y el comienzo de la temporada de siembra. Ostara a menudo se asocia con la diosa Eostre, asociada a la fertilidad, el crecimiento y los nuevos comienzos. Ostara es un momento para celebrar el poder del mundo natural y la interconexión de todas las cosas. Algunos rituales comunes practicados durante el Ostara incluyen plantar semillas, crear artesanías de primavera y decorar huevos, símbolos de una nueva vida y renacimiento.

### Beltane

El Beltane se celebra el 1 de mayo y marca el comienzo del verano. Es un momento para celebrar la unión del dios y la diosa y la fertilidad y abundancia de la Tierra. El Beltane a menudo se celebra con bailes en un árbol de mayo, con coronas de flores y hogueras. Un aspecto clave del Beltane es la hoguera, que es considerada una forma de purificar y renovar la energía de la tierra. El fuego está asociado con la idea de transformación y algunas personas saltan sobre las llamas para simbolizar su voluntad de abrazar el cambio y el crecimiento.

### Litha

El Litha se celebra en el solsticio de verano, generalmente alrededor del 21 de junio. Marca el día más largo y la noche más corta del año y un momento para celebrar el poder del sol y la abundancia de la tierra. El Litha a menudo se asocia con el dios Lugh, asociado a las habilidades, artesanía y creatividad. En el Litha, los practicantes celebran a través de numerosos rituales y actividades, que incluyen hogueras, fiestas y coronas de flores. Algunas personas optan por pasar tiempo al aire libre, absorbiendo la energía del sol y conectándose con el mundo natural.

### Lammas/Lughnasadh

El Lammas o Lughnasadh se celebra el 1 de agosto y marca el comienzo de la temporada de cosecha. Es un momento para honrar al dios Lugh, asociado a la cosecha de granos, y a la diosa madre de la cosecha. El Lammas a menudo se celebra horneando pan y compartiendo comida. Otro tema clave del Lammas es el sacrificio. Los primeros frutos de la cosecha se ofrecen como sacrificio a los dioses en reconocimiento a su provisión para el pueblo. Este sacrificio se considera una forma de garantizar la abundancia y la prosperidad para el próximo año.

### Mabon

El Mabon se celebra en el equinoccio de otoño, generalmente alrededor del 21 de septiembre. Marca el equilibrio entre la luz y la oscuridad y la segunda cosecha del año. El Mabon a menudo se asocia con el dios Mabon, asociado al renacimiento y el cambio de las estaciones. Se realizan actividades que reflejan la abundancia de la cosecha, como la recolección de manzanas, la vinificación y la creación de artesanías con temática de cosecha. Los actos de caridad son comunes, y la gente reconoce que las bendiciones recibidas están destinadas a ser compartidas. Cuando el sol llega al Mabon, se encienden velas y la gente se reúne alrededor del fuego para compartir historias y reflexionar sobre los ciclos de la vida y el paso del tiempo.

Cada festival se celebra con rituales y prácticas específicas diseñadas para honrar la energía y los temas específicos del sabbat. Estos incluyen ofrendas a los dioses y diosas, hechizos, encender velas o fuegos, crear altares y espacios sagrados, y compartir comida y bebida.

La importancia de estas fiestas radica en su conexión con el mundo natural y el cambio de las estaciones. Al honrar los ciclos de la Tierra y la energía de cada estación, los wiccanos creen que pueden cultivar una conexión más profunda con el mundo natural y lo divino. Estos festivales sirven como un momento para unirse como comunidad y celebrar las creencias compartidas.

## Estructura y roles de la Wicca

La Wicca es una religión descentralizada sin autoridad ni jerarquía central. Su estructura se basa en cofradías, pequeños grupos de wiccanos que se reúnen para practicar su oficio. Por lo general, se asignan varias funciones y responsabilidades a sus miembros.

En la parte superior de la jerarquía Wicca está la Suma Sacerdotisa o Sumo Sacerdote, que es el líder de la cofradía. La Suma Sacerdotisa o Sumo Sacerdote es responsable de dirigir los rituales, enseñar a los nuevos miembros y guiar el desarrollo espiritual del grupo. Son responsables de mantener las tradiciones y garantizar que se adhiera a la ética y los principios wiccanos.

Debajo de la Suma Sacerdotisa o Sumo Sacerdote están los miembros de la cofradía. Por lo general, los miembros son iniciados en la cofradía y se espera que participen en actividades como rituales y reuniones. Pueden asumir roles específicos, como secretario o tesorero.

Además de estos roles, hay varios grados de iniciación dentro de la Wicca. Estos grados significan el nivel de conocimiento y experiencia de un wiccano dentro de la religión. Los wiccanos de primer grado suelen ser nuevos en la religión y aún no se han iniciado en una cofradía. Los wiccanos de segundo grado han sido iniciados en una cofradía y tienen una comprensión más profunda de las prácticas y creencias wiccanas. Los wiccanos de tercer grado son considerados Sumos Sacerdotes o Sumas Sacerdotisas y tienen el conocimiento y la experiencia necesarios para dirigir sus cofradías.

## Ritual sencillo de luna llena

El objetivo de este ritual es honrar la luna llena y conectar con su energía. A través de este ritual, tendrá la oportunidad de profundizar su comprensión y apreciación de los ciclos y ritmos naturales de la tierra y la luna y alinearse con las poderosas energías durante la fase de luna llena.

**Materiales:**

- Una vela (preferiblemente blanca o plateada)
- Fósforos o encendedor
- Un trozo de papel y un bolígrafo
- Un plato pequeño con agua
- Cualquier herramienta ritual adicional (opcional)

**Instrucciones:**

1. Elija un espacio tranquilo y al aire libre donde pueda ver la luna llena. Alternativamente, puede instalar un altar en el interior de su casa con una representación de la luna, como una imagen o una estatua.

2. Comience por conectarse a tierra y enfocarse. Tome unas cuantas respiraciones profundas y visualícese presente en el momento.

3. Encienda la vela y sosténgala hacia la luna. Bendiga con algo como "Bendita sea la luz de la luna llena".

4. Escriba lo que quiera liberar o dejar ir en el papel y las intenciones u objetivos que desea manifestar en el próximo mes. Doble el papel y colóquelo en el plato con agua.

5. Ponga sus manos sobre el plato y diga: *"Libero lo que ya no me sirve y me abro a nuevas oportunidades de crecimiento".* Visualice el agua absorbiendo la energía negativa o los pensamientos y sentimientos no deseados.

6. Tómese un momento para sentir la energía de la luna llena y conéctese con su intuición y sabiduría interior.
7. Cuando esté listo, apague la vela y diga: *"Que así sea"*.
8. Deseche el papel y el agua de manera segura y respetuosa con el medio ambiente.
9. Cierre el ritual agradeciendo a las deidades o espíritus a los que llamó y agradeciéndose por tomarse el tiempo para honrar la luna llena.

A pesar de tener miles de años, la Wicca y el neopaganismo siguen siendo prácticas espirituales relevantes para muchas personas en los tiempos modernos. A medida que la sociedad se desconecta más de la naturaleza y la espiritualidad tradicional, muchas personas recurren a la Wicca y al neopaganismo como una forma de reconectarse con el mundo natural y su espiritualidad. La Wicca y el neopaganismo permiten a las personas crear sus propias prácticas espirituales basadas en sus creencias y valores. De esta manera, la Wicca y el neopaganismo siguen siendo prácticas importantes y relevantes para muchas personas en el mundo moderno.

# Capítulo 8: Aplicación de creencias paganas en la vida diaria

Este capítulo final adopta un enfoque práctico de lo que significa ser un pagano moderno y cómo practicarlo en su vida cotidiana. Este capítulo le dará instrucciones sobre cómo encontrar una deidad con la que trabajar, armar un altar, celebrar fiestas paganas, comenzar un diario o grimorio, conectarse con otros paganos, entre otras cosas.

## Encuentre a su deidad tutelar

Si bien tener una deidad tutelar es opcional, estos pueden ayudarlo y guiarlo en la dirección correcta. Pueden protegerlo y empoderarlo durante su trabajo pagano (mágico o de otro tipo) y ayudarlo a sanar si es necesario. Sin embargo, si decide encontrar una deidad tutelar, debe comenzar por conocerse a sí mismo. Recuerde, el poder viene de dentro de usted. Cualquier energía que reciba de un ser divino o de la naturaleza solo amplificará el poder que usted ya tiene. Entonces, la mejor manera de encontrar la deidad que lo empodere es buscar a aquellos cuyos corresponsales resuenen con usted.

Puede leer sobre deidades que le parezcan interesantes para conectar con ellas'

Investigue aquellas que le parezcan interesantes. Mientras lee sobre cada dios o diosa en particular, escuche su intuición. Si se siente particularmente atraído por uno, profundice en sus antecedentes, historia, mitos y correspondencias. Aprenda cómo otros practicantes modernos trabajan con el dios o la diosa. Si está absolutamente seguro de querer trabajar con una deidad en particular, póngase en contacto con ellos dedicándoles una oración. Alternativamente, puede encender una vela y mirar sus llamas mientras canta el nombre de la deidad. Sin embargo, a veces el simple hecho de mostrar interés en ellos llamará su atención y se pondrán en contacto con usted.

Si la deidad que ha elegido no se comunica con usted de inmediato, no se preocupe. Pueden sentir que no usted necesita ayuda en ese momento. O bien, quizás no sabe aún cómo reconocer o descifrar sus señales. Si bien puede expresar cómo le gustaría que lo contactaran, algunas deidades tienen sus propias maneras. Por ejemplo, si se ha dirigido a ellos en oración antes de dormir, podrían acercarse a usted en sus sueños.

Considere la posibilidad de realizar un ritual introductorio si tiene dificultades para conectar con su divinidad tutelar. Aquí presentamos cómo llevarlo a cabo:

1. Dedíqueles un pequeño altar, y adórnelo con sus correspondencias y símbolos.
2. Encienda una vela en su nombre, llámelos y preséntese.
3. Indique su nombre y su intención de crear una relación con ellos.
4. Exprese su gratitud por cualquier bendición que pueda recibir en el futuro.
5. Repita si es necesario en unos días.

Cuando empiece a trabajar con su deidad tutelar, no dude en establecer límites para su relación. Como con cualquier relación, trabajar con una deidad pagana es una calle de doble sentido. Debe contar con su bendición tanto como ellos deben contar con usted honrándolos y celebrándolos. Deberían escucharlo a usted tanto como usted los escucha a ellos. Si la deidad con la que hizo contacto resulta ser una mala elección, siéntase libre de terminar su relación. Recuerde, no tiene que conformarse con la primera deidad que lo atraiga, ni debe seguir trabajando con la misma deidad toda su vida. Hay muchas opciones, y es posible que necesite diferentes ayudas en las distintas etapas de su vida.

## Creación del altar

Si bien tener un altar no es obligatorio en la práctica pagana, puede ayudarlo a canalizar su energía hacia su intención. Lo ayudará a vincularse con una deidad, un espíritu y con su espiritualidad. Cómo establecer un altar pagano simple:

### Elija la ubicación

Muchos paganos practican al aire libre, pero si prefiere hacerlo en interiores, puede colocar su altar dentro de casa. De cualquier manera, debe poder trabajar sin distracciones y nadie debe molestarlo. La mayoría de los practicantes que usan altares interiores optan por colocarlos en sus dormitorios, ya que esta es la habitación más aislada de una casa.

Puede usar una mesa vieja o un tocador como base de su altar. No importa su aspecto porque lo cubrirá. Si tiene espacio limitado, siempre puede armarlo en su tocador, librería o alféizar de la ventana. Si está montando un altar al aire libre, una superficie naturalmente plana, como un gran tronco de árbol, es una gran opción.

**Considere la dirección**

La dirección en la que coloque su altar depende de su práctica, preferencias y espacio disponible. Supongamos que está trabajando con espacio limitado o no está seguro de qué dirección se ajustaría a su propósito, cree un altar orientado al este. Esta es la dirección del sol naciente, poderosa en muchas prácticas paganas.

**Decida el estilo**

El estilo de su altar depende del camino pagano que siga. Si desea dedicarlo a una entidad o día festivo específico, el estilo estará influenciado por sus asociaciones. Si no ha decidido un camino espiritual o propósito particular para su altar, siga sus instintos. Deje que su intuición decida.

**Elija los adornos**

Si trabaja con una deidad en particular (o planea trabajar con una) use sus elementos y asociaciones. Si tiene una deidad tutelar, coloque sus símbolos en el centro del altar. Si está trabajando con sus antepasados, use su representación o sus artículos personales. Si desea empoderarse, incluya sus artículos personales.

Otros artículos sugeridos para colocar en el altar:

- Herramientas de adivinación
- Símbolos de protección
- Cristales
- Varitas y athames
- Grimorio o libro de sombras
- Velas
- La representación de los cuatro elementos
- Hierbas sueltas
- Talismanes o amuletos

## Celebración de esbats y sabbats

Los paganos de todo el mundo celebran esbats (rituales lunares) y sabbats (festividades estacionales). Algunas tradiciones se basan en la comunidad, mientras que otras son muy personales. Como principiante, debe centrarse en establecer tradiciones personales para estas fiestas. Esto lo ayudará a comprender su significado y lo inspirará a dedicarle más tiempo. Aquí hay prácticas sugeridas para celebrar las fiestas paganas.

### Decoración

Casi todos los rituales y ceremonias paganos realizados en esbats y sabbats usan velas. Decorar con velas personalizadas es una excelente manera de celebrar cualquier fiesta pagana. Use colores, hierbas y otros materiales asociados al día festivo. Puede dar rienda suelta a su creatividad y crear tantas velas como desee. Puede usar las velas en su altar, como adornos para su hogar o como regalos.

Puede hacer decoraciones con flores y otros elementos de la naturaleza. Cualquiera que sea el material que utilice, debe asociarse con el día festivo específico. Por ejemplo, algunas hierbas tienen habilidades protectoras, y hacer una corona con esa hierba para colocar en la puerta de su casa puede ser una excelente práctica complementaria para los hechizos y rituales de protección.

### Herramientas de preparación

Algunos paganos prefieren preparar sus propios aceites, mezclas de hierbas, símbolos, representaciones y herramientas. Si bien puede comprar sus herramientas prefabricadas, hacerlas puede ser satisfactorio y espiritualmente edificante, especialmente si se está preparando para un día sagrado o festivo. Tendrá una conexión más poderosa con sus herramientas, ya que se cargarán automáticamente con su energía.

### Limpieza

Sea cual sea el esbat o sabbat para el que se esté preparando, no está de más limpiar las influencias negativas en usted mismo y en su propiedad. Cada día festivo marca un evento trascendental en un calendario pagano y representa el comienzo de un nuevo período. Siempre es mejor comenzar un nuevo período con energía renovada. Aquí tiene algunas sugerencias sobre cómo limpiarse y limpiar su ambiente:

- Sahumar
- Quemar incienso
- Hacer baño de limpieza
- Espolvorear sal
- Disfrutar de la luz de la luna
- Usar un hechizo de limpieza
- Pedirle a una deidad que lo ayude a limpiar

- Usar un talismán de limpieza o una bolsa de hierbas
- Beber té de hierbas
- Pasar en la naturaleza
- Ponerse de pie a la luz del sol
- Rodearse de plantas de interior

**Preparación de las comidas**

Ya sea que desee celebrar un esbat o sabbat con una gran comunidad, sus amigos, su familia o solo, preparar comidas asociadas con esa festividad es una forma fantástica de entrar en el espíritu de cada fiesta. Eche un vistazo a lo que otros practicantes modernos recomiendan para cada fiesta en particular, y elija sus recetas favoritas. Incluso si vive con personas no paganas, puede pedirles que lo ayuden a preparar las comidas. Puede ser una actividad fantástica para las familias con niños, ya que generalmente les gusta aprender y hacer algo nuevo.

**Crear un libro de registro, diario o grimorio**

Escribir sobre su práctica es una excelente manera de monitorear el progreso de su viaje espiritual. Si recién está comenzando, cree un libro de registro de rituales y actos que haya realizado a lo largo del día, la semana o el mes. Esto le ayudará a realizar un seguimiento de las tareas y puede asegurarse de no olvidar implementarlas con regularidad. Cuantas más prácticas paganas incorpore en su agenda, antes descubrirá su camino espiritual.

Comience un diario en caso de practicar la adivinación, intentar comunicarse con sus guías espirituales o desear una caracterización más detallada de sus prácticas. A diferencia de un libro de registro (que solo tiene datos sobre tareas específicas), un diario puede contener las señales y mensajes que ha recibido, sus emociones con respecto a herramientas específicas o cualquier otra cosa que desee documentar a lo largo de su viaje.

Si también practica la brujería, puede comenzar un grimorio. Un grimorio es un libro que hace un seguimiento de las prácticas mágicas. Puede contener correspondencia de deidades y antepasados, sabbats, esbats y otros días sagrados que celebre. También puede registrar sus formas preferidas de lanzar hechizos, hechizos y rituales específicos que haya hecho, métodos de adivinación, correspondencias astrológicas, hierbas y recetas para agentes curativos y cristales. Puede incluir temas que lo inspiren o que quiera aprender.

Ya sea que cree un libro de registro, un diario o un grimorio, recuerde mantenerlo a salvo. Tiene una conexión personal con él, y cualquier energía que el libro recoja puede afectarle. Límpielo a menudo y conságrelo si es necesario.

**Conectar con otros paganos**

Conectarse con otros grupos y comunidades paganas es una excelente manera de obtener más conocimiento y comprensión de un camino espiritual en particular. En estos tiempos modernos, hay muchas maneras de encontrar personas con ideas afines cerca suyo o incluso al otro lado del mundo. Si no le importa la distancia o solo busca consejos, busque grupos paganos en sitios y foros de redes sociales. Sea cual sea el camino a seguir, encontrará un grupo que se adapte a sus necesidades.

Si prefiere encontrar personas que pueda conocer, intercambiar experiencias y celebrar sabbats, esbats y otras fiestas paganas, o adorar deidades juntos, busque a su alrededor. Comience con las librerías ocultas, ya que generalmente han publicado avisos de otros paganos que buscan comunidades.

Sea cual sea la forma en que se ponga en contacto con otros paganos, siéntase libre de compartir su viaje espiritual con ellos, sin importar cuán corto sea. Tal vez su experiencia ayude a alguien que tiene dificultades para encontrar su camino o se ha desviado de un camino ya establecido y busca otro mejor.

## Recomendaciones

Parte de embarcarse en un camino pagano es satisfacer sus necesidades espirituales. Afortunadamente, existen muchas maneras de incorporar simples rituales diarios sin afectar su agenda. Seguir una lista de tareas pendientes lo ayudará, y no tiene que revisar todos los elementos de la lista todos los días. Siéntase libre de elegir lo que se adapte a su rutina. El objetivo general es crear un hábito de rituales diarios para poder acercarse al estilo de vida pagano.

Aquí hay una lista de rituales paganos que puede realizar:

- Encender una vela. Puede hacer una oración rápida de gratitud a su deidad tutelar, antepasados u otros guías espirituales con los que haya estado trabajando.
- Ofrendar a una deidad. Puede hacer una ofrenda simple. Por ejemplo, puede ofrecerles una taza de café o agua o compartir una comida con ellos.

- Ofrendar a sus antepasados. Recuerde ofrecer sus artículos favoritos.
- Levántese para saludar al sol. El sol es fundamental en la mayoría de las tradiciones paganas. Pasar un par de minutos tomando sol después de despertar puede ayudarlo a aprovechar su energía.
- Hacer yoga. Incluso una o dos posiciones diarias harán maravillas en su vida espiritual.
- Salga a caminar (preferiblemente en la naturaleza) para reconectarse con su poder. 10 minutos durante la hora del almuerzo harán la diferencia. Sin embargo, las caminatas al aire libre deben ser regulares.
- Intentar escribir un diario de sueños. Ponga un diario al lado de su cama para registrar sus sueños apenas despierte. Esto puede ayudarlo a conectarse y comunicarse con espíritus, deidades y con su intuición.
- Meditar. Se recomienda meditar todos los días. Ya sea una meditación guiada o improvisada, será de gran ayuda.
- Prestar atención a la naturaleza. Esté más atento a su entorno para notar las pequeñas señales y presagios que le envía la naturaleza.
- Encender un poco de incienso. Al igual que la luz de las velas, el aroma del incienso le dará calma y enfoque. Crea la atmósfera perfecta para la mediación, los rituales y el trabajo mágico.
- Leer un libro espiritual. Incluso si solo tiene 15 minutos para dedicar a la lectura, aproveche para aprender más sobre el camino espiritual que ha elegido seguir.
- Pasar tiempo con mascotas. Si tiene mascotas, pasar tiempo con ellas sería la forma pagana perfecta de honrar a la naturaleza.
- Encender una vela roja en la cocina. Este ritual honra a sus antepasados y simboliza el hogar (chimenea), que la mayoría de los hogares modernos no tienen. Sin embargo, era indispensable en las tradiciones paganas.
- Limpiarse y limpiar su área con humo. Algunos paganos lo llaman "ritual de sahumo". Implica encender un paquete de hierbas secas y limpiar su cuerpo y el espacio de malas energías.

- Pasar más tiempo con la familia. Este es otro ritual pagano recomendado. Incluso si tiene 10 o 15 minutos para mostrar una atención, hágalo.
- Escribir un libro de sombras o grimorio. Este libro puede ayudarlo a monitorear el progreso en su viaje espiritual y aprender a seguir el camino pagano que más le guste.
- Usar un cristal. Puede usar joyas con cristal por la mañana o poner la piedra en su bolsillo o bolso. Si lo has cargado de energía positiva, este lo protegerá y potenciará su poder a lo largo del día.
- Crear y cuidar un jardín. Ya sea poner unas macetas en el alféizar de su ventana o un crear un jardín en su patio trasero, cuidar de su espacio natural es un ritual pagano muy satisfactorio.
- Hacer ejercicio. Hacer ejercicio puede ser un ritual pagano muy útil con nuestro estilo de vida sedentario actual. Puede ayudarlo a recordar el trabajo físico de todos sus antepasados para mantener a sus familias. Sin sus esfuerzos, no estaría donde está.
- Beber infusiones de hierbas. Preparar té de hierbas por la mañana y beberlo es una excelente manera de bajar la velocidad del día a día y prepararse para sus próximos desafíos espirituales.
- Leer una carta o runa. Si practica la adivinación (o quiere mejorar su espiritualidad), elija una carta o runa todas las mañanas y contemple su significado.
- Usar hierbas para cocinar. Las hierbas tienen increíbles propiedades curativas, y sus antepasados lo sabían. Las usaban en su vida diaria, y usted también puede hacerlo.
- Limpiar su altar o santuario. Revise su lugar sagrado diariamente en busca de cenizas, polvo y escombros, y límpielo si es necesario. Reemplace sus ofrendas (especialmente si tienen alimentos) o cámbielas por otras diferentes.
- Contemplar la luna. Así como la luz del sol puede ayudarlo a recargar sus energías, también puede hacerlo con la luz de la luna. Puede salir cuando el cielo esté despejado o sentarse en una ventana abierta.

- Planificar el próximo sabbat o esbat. Si se acerca una fiesta pagana, dar pequeños pasos para su celebración podría ser un gran ritual diario. Investigue lo que necesita hacer durante esos días festivos y planifique.
- Llamar a un amigo pagano. Si necesita consejos para su viaje espiritual o necesita un poco de confianza extra, hablar con una persona de ideas afines puede ayudarlo enormemente.
- Enfoque y grounding No hace falta hacer meditación u otras técnicas de atención plena para conectar a tierra. Para aprovechar el poder de la naturaleza, solo necesita acciones simples como calmar la mente, caminar descalzo o tocar un árbol.
- Obtener más información sobre su deidad tutelar. Tomarse unos minutos diarios para aprender sobre el dios o la diosa con la que desea conectar lo ayudará a honrarlos y enriquecer la relación.

# Apéndice: Rueda del Año de A a Z

Los humanos han celebrado durante mucho tiempo los ciclos de la naturaleza. Desde la antigüedad, las culturas paganas y politeístas de toda Europa marcaron los solsticios, equinoccios y otros momentos significativos con festivales, fiestas y rituales. Estas celebraciones honran a los dioses y diosas de la naturaleza, reconocen los cambios de las estaciones y ofrecen un espacio para la reflexión, la renovación y la comunidad. Si bien algunas tradiciones se han perdido con el tiempo, muchas siguen siendo practicadas y adaptadas por paganos y politeístas modernos. Este capítulo explora una selección de festivales en toda Europa, desde los más conocidos hasta los más oscuros. Descubra la variedad de costumbres y creencias de la Rueda del Año.

### Alban Arthan: 20 o 21 de diciembre

Alban Arthan, conocido como el solsticio de invierno, es un festival que celebra el renacimiento del sol y el regreso de la luz después del día más oscuro del año. Es un momento en que el mundo natural permanece inactivo y la gente se reúne para encender la llama de la esperanza y la renovación. Muchas tradiciones paganas y politeístas honran al dios o diosa del sol, como el Mabon galés, el Lugh irlandés y el Sol Invictus romano. Alban Arthan es un momento para la introspección, para dejar ir lo viejo y dar la bienvenida a lo nuevo. Es un momento para celebrar las alegrías de la familia y la comunidad, compartir historias, fiestas y regalos, y honrar a los espíritus de la tierra y a los antepasados que nos precedieron. Algunas costumbres populares incluyen encender velas, decorar árboles y hacer hogueras. Para muchos, el Alban Arthan es un festival profundo y significativo que les recuerda la belleza y la resistencia del espíritu humano frente a la oscuridad.

### Alban Eilir: 20 o 21 de marzo

El festival de Alban Eilir se celebra el 20 o 21 de marzo, marcando la llegada del equinoccio de primavera. Este antiguo festival pagano celebra el renacimiento del mundo natural desde las profundidades del invierno. Es un momento de equilibrio, el día y la noche son iguales, y existe una promesa de días más largos. El Alban Eilir es celebrado por muchas tradiciones politeístas, y muchas culturas tienen su propia interpretación del festival. El Alban Eilir representa el triunfo de la fertilidad y el crecimiento, representados por la diosa celta Brígida, la diosa germánica Ostara o la diosa griega Perséfone. El festival es un momento para establecer intenciones, plantar nuevas semillas y abrazar la renovación del mundo natural. Es un momento para reconectarse con la naturaleza, respirar aire fresco y deleitarse con la belleza del mundo que nos rodea. Durante este festival, las personas decoran huevos, limpian sus hogares y participan en otros actos simbólicos para conmemorar la ocasión.

### Brigit: 1 o 2 de febrero

Brigit es una diosa celta que representa la inspiración, la creatividad y la curación. Su fiesta se celebra el 1 o 2 de febrero, y marca el comienzo de la primavera en el calendario celta. Brigit se asocia a la llama sagrada, y su festival a menudo se caracteriza por encender velas y hogueras. El festival se conoce como Imbolc, que significa "en el vientre" en irlandés antiguo. Representa la época del año en que los primeros indicios de nueva vida se pueden sentir debajo de la superficie de la tierra. En Irlanda, Brigit es venerada como una santa patrona, y su festival se celebra como el Día de Santa Brígida, y pueden verse las famosas Cruz de Santa Brígida y ofrendas de leche y pan. En toda Europa, el festival de Brigit es un momento para la purificación y la renovación y para honrar lo divino femenino y el poder de la naturaleza.

### Cerealia: 12 - 19 de abril

La Cerealia era una antigua fiesta romana celebrada en honor a la diosa Ceres, la diosa de la agricultura y el grano. La fiesta se celebraba anualmente del 12 al 19 de abril y era una de las celebraciones más importantes del calendario romano. Durante la Cerealia, los romanos honraban a Ceres ofreciendo leche y miel, y realizaban procesiones y diversos rituales. En la antigüedad, la Cerealia era un momento para que los agricultores celebraran la llegada de la primavera y el comienzo de la temporada agrícola. Era un momento para dar gracias a Ceres por la generosidad de la tierra y pedir sus continuas bendiciones durante toda la temporada de siembra. El festival permitía a las personas reunirse y socializar, disfrutar del clima cálido y disfrutar de la comida, la bebida y el entretenimiento. Hoy en día, la Cerealia ya no se celebra como antes. Sin embargo, el legado de Ceres perdura en el mundo moderno a través de muchas tradiciones y costumbres asociadas a la agricultura y la primavera. El espíritu de Ceres se puede sentir en la forma en que las personas honran la tierra y su generosidad, plantando semillas en el jardín o disfrutando de una deliciosa comida hecha con productos frescos locales.

### Fiesta de Afrodita: 23 de julio

La Fiesta de Afrodita cae el 23 de julio y celebra a la diosa griega del amor, la belleza y la fertilidad. Este festival está asociado al apogeo del verano y la plena floración de la naturaleza, y es un momento ideal para honrar a Afrodita y buscar sus bendiciones de amor, fertilidad e inspiración creativa. En la antigua Grecia, la fiesta de Afrodita se celebraba con ofrendas de flores, miel, incienso, música, baile y banquete. Era un momento para que los amantes expresaran su devoción mutua y para que las mujeres solteras buscaran la guía de Afrodita para encontrar una pareja adecuada. Hoy en día, los practicantes modernos del paganismo helénico y otras tradiciones que honran a los dioses y diosas griegos continúan celebrando esta fiesta. Este festival es un momento para rituales de amor y fertilidad y esfuerzos artísticos y creativos. Las celebraciones incluyen ofrendas de flores y miel, baile y lectura de poesía o hechizos de amor.

### Fiesta de Hécate: 16 de noviembre

El 16 de noviembre, las comunidades paganas de todo el mundo celebran la Fiesta de Hécate, un festival dedicado a la diosa griega de la magia, la brujería y la encrucijada. Tradicionalmente, este festival se celebraba con ofrendas de comida, incienso y otros regalos depositados en encrucijadas y otros espacios liminales, donde se creía que Hécate estaba presente. Era un momento para realizar magia y adivinación y buscar la guía de Hécate en asuntos de vida o muerte. Los practicantes modernos del paganismo helénico y otras tradiciones que honran a Hécate continúan celebrando esta fiesta. Las celebraciones incluyen encender velas, hacer hechizos y ofrecer comida, incienso y otros regalos. Este festival es un momento para reconectarse con lo divino y buscar bendiciones mágicas para el próximo año. La Fiesta de Hécate tiene un significado especial para aquellos que honran a la diosa de la magia y la brujería. Los espacios liminales asociados a Hécate representan el cruce entre los mundos físico y espiritual, y el festival ofrece la oportunidad de explorar este concepto más a fondo a través del ritual y la magia.

### Fiesta de la Cosecha: 21 o 22 de septiembre

Este festival marca el final del verano y el comienzo del otoño. Celebrado el 21 o 22 de septiembre, es un momento de gratitud por la abundante cosecha durante los largos meses de invierno. En la antigüedad, el festival era un momento de fiesta y jolgorio, ya que las comunidades se reunían para compartir los frutos de su trabajo. Era un momento para cantar, bailar y contar historias alrededor del fuego mientras las hojas comenzaban a caer. Hoy en día, la Fiesta de la Cosecha se celebra en muchas partes de Europa, con costumbres tradicionales, como coronar a una Reina de la Cosecha, decorar el pueblo con ramas de trigo y maíz y bendecir los cultivos. Es un momento para dar gracias por la abundancia de la tierra y para honrar el arduo trabajo de los agricultores y cultivadores que proporcionan alimentos durante todo el año.

### Krampusnacht: 5 de diciembre

El Krampusnacht, que se celebra el 5 de diciembre, es un festival con un toque más oscuro. Si bien muchos asocian la temporada de vacaciones de invierno con calidez, amor y luz, el Krampusnacht es un momento en el que el miedo y las travesuras ocupan un lugar central. Se origina en las regiones alpinas de Europa y lleva el nombre de Krampus, una criatura demoníaca con cuernos que se dice que castiga a los niños traviesos, mientras que su contraparte benevolente, San Nicolás, recompensa a los buenos. En muchas ciudades y pueblos, los juerguistas se disfrazan de Krampus y desfilan por las calles, aterrorizando a jóvenes y mayores con sus horripilantes disfraces y bromas lúdicas. A pesar de su tono macabro, el Krampusnacht es una tradición muy querida en muchas partes de Europa. Es una forma de equilibrar la luz y la oscuridad y el bien y el mal. Es un recordatorio de que siempre hay un equilibrio en la vida.

### Lupercalia: 13-15 de febrero

El Lupercalia es una celebración festiva que tiene sus raíces en la antigua Roma, es un momento para honrar al dios de la fertilidad y proteger la ciudad de los espíritus malignos. El festival, celebrado del 13 al 15 de febrero, estaba dedicado al dios Luperco y era esencial para la identidad cultural de la ciudad. Los sacerdotes usaban pieles de animales, y las mujeres eran azotadas con tiras de cuero para asegurar su fertilidad y protegerlas del mal. La asociación del festival con la fundación de Roma aporta un significado histórico. El sacrificio de cabras y perros lo convirtió en un evento sombrío. Si bien las fiestas lupercales ya no se celebran en su forma original, sigue siendo un momento significativo para los paganos y wiccanos modernos. Han adaptado el festival para celebrar la llegada de la primavera y para honrar al dios de la fertilidad. Hoy en día, las fiestas lupercales son un momento de fiesta, durante el cual los participantes comparten comida y bebida y participan en rituales para dar la bienvenida al cambio de temporada. El espíritu del Lupercalia reside en ese momento en que las personas se conectan con la naturaleza y entre sí. Es un momento para celebrar la vida y reconocer la importancia de la fertilidad y el crecimiento.

### Solsticio de verano: 21 de junio

El solsticio de verano (o Litha) es un momento en que el sol está en su punto más alto en el cielo y es el día más largo del año. Se celebra de varias maneras en toda Europa, y las hogueras son un elemento común en todas ellas. Por ejemplo, en Suecia, el solsticio de verano es una de las fiestas más grandes, y la gente se reúne alrededor de un árbol de mayo para cantar y bailar canciones folclóricas tradicionales. En otras partes de Europa, se recogen hierbas y flores para diversos rituales mágicos. Es un momento para celebrar la abundancia de la tierra y dar gracias por la cosecha que está por venir. La celebración del solsticio de verano es un recordatorio del poder y la belleza del mundo natural y de la importancia de vivir en armonía con él.

### Panateneas: 28 de julio

La Panateneas, celebrada el 28 de julio, es una fiesta dedicada a la diosa griega Atenea, la diosa patrona de Atenas. Era una de las fiestas religiosas más importantes de la antigua Atenas y se celebraba cada cuatro años. El festival comenzaba con una procesión por la ciudad y culminaba un gran sacrificio de 100 bueyes para la diosa. El festival incluía competiciones atléticas y musicales y actuaciones dramáticas en el Teatro de Dionisio. Las Panateneas eran un momento para que los atenienses se reunieran y celebraran su cultura y patrimonio, y sigue siendo un evento cultural importante en la Grecia moderna. En los tiempos modernos, las Panateneas todavía se celebran en Atenas y otras partes de Grecia. El festival conserva muchos elementos tradicionales, como la procesión y las competiciones atléticas y musicales. Sin embargo, las celebraciones modernas incluyen eventos más contemporáneos, como fuegos artificiales, conciertos y exposiciones culturales. El festival es un momento importante para que los griegos celebren su patrimonio cultural y se unan en un espíritu de unidad y orgullo nacional.

### Perchtenlauf: 5 o 6 de enero

El Perchtenlauf, conocido como la "Noche de las Brujas", es un festival de invierno que se celebra en Austria y otras partes de Europa el 5 o 6 de enero. Se cree que el festival tiene sus raíces en las tradiciones paganas y está dedicado a la diosa Perchta, que vagaba por la Tierra durante los meses de invierno. Durante el festival, los hombres se visten con trajes y máscaras elaborados, que representan a los Perchten, o "espíritus salvajes". Deambulan por las calles, haciendo ruido con campanas y palos de madera para ahuyentar a los malos espíritus y dar la bienvenida al nuevo año. El festival incluye hogueras, banquetes y espectáculos de danza tradicional. El Perchtenlauf es un momento para que las comunidades se unan, celebren sus tradiciones y destierren la oscuridad del invierno con la luz de la esperanza y la renovación. Hoy en día, el festival sigue siendo una parte preciada de la cultura austriaca y europea, y muchas comunidades conservan sus antiguas costumbres y añaden sus toques únicos a la celebración.

### Veneralia: 1 de abril

El 1 de abril, los antiguos romanos celebraban Veneralia, una fiesta dedicada a Venus, la diosa del amor y la belleza. Veneralia era un momento para que la gente honrara a la diosa a cambio de bendiciones y protección en el amor y la fertilidad. El festival se caracterizó por ofrecer flores e incienso en los templos y santuarios de Venus y el lavado ritual de sus estatuas. En algunas partes de Roma, las jóvenes se reunían en el templo de Venus para pedirle el favor de encontrar un marido, mientras que las mujeres casadas oraban por la salud y la prosperidad de sus matrimonios. Veneralia era un momento de gran alegría y celebración, marcado por fiestas, bebidas y música. Hoy en día, gran parte del festival se ha olvidado, pero su influencia todavía se puede ver en la celebración moderna del Día de los Inocentes (April Fool's Day), que cae en la misma fecha.

### Noche de Walpurgis: 30 de abril

En la víspera del May Day, las brujas y los juerguistas se reúnen para celebrar la Noche de Walpurgis, un festival con profundas raíces en la tradición pagana. Recibe su nombre en honor a Santa Walpurga, una abadesa del siglo VIII famosa por sus poderes curativos. El festival marca la llegada de la primavera y el despertar de la fertilidad de la naturaleza.

En muchas partes de Europa, la gente enciende hogueras, baila alrededor de los árboles de mayo y participa en otros rituales tradicionales para dar la bienvenida a la temporada de crecimiento y renovación. Pero la Noche de Walpurgis también tiene un lado más oscuro, ya que se dice que es un momento en que el velo entre los vivos y los muertos se debilita. Según la leyenda, las brujas y otros seres sobrenaturales llegan y causan estragos en los aldeanos desprevenidos. A pesar de esto, el festival sigue siendo un momento de alegría y jolgorio, la gente se reúne con amigos y familiares para celebrar la llegada de la primavera y honrar las tradiciones de sus antepasados.

El mundo está lleno de fascinantes fiestas paganas. Estos festivales ofrecen una visión de las ricas y complejas creencias de las culturas antiguas, como las alegres celebraciones de cosecha. los ritos para honrar a los muertos. Si bien muchas de estas tradiciones se han desvanecido con el tiempo, algunas continúan celebrándose en los tiempos modernos, conectándose con el pasado colectivo y celebrando el patrimonio cultural. Estos festivales son un recordatorio del poder de la comunidad, la importancia de la tradición y la necesidad humana de conectar con algo superior.

# Conclusión

Como hemos visto en este libro, el paganismo es un término general para varias religiones estrechamente relacionadas. Los practicantes del paganismo europeo comparten las mismas creencias fundamentales, desde la reverencia a la naturaleza hasta la aceptación universal del politeísmo. Ven la vida como un ciclo, similar a la naturaleza, que cambia con las estaciones. Nace, muere y revive a medida que un alma humana puede reencarnarse o vivir en el mundo espiritual. Este último se refiere a los espíritus ancestrales, de gran importancia en el paganismo. Se puede invocar a los antepasados y guías espirituales para recibir guía, cura y protección. Los dioses y diosas paganos se asocian típicamente a un aspecto de la vida, aunque muchos paganos tienen deidades que encarnan diferentes aspectos y más de un rostro o nombre. Varias partes de las prácticas paganas están vinculadas a los cuerpos celestes, como el sol y la luna.

Este libro ha explorado los puntos clave del sistema de creencias paganas y cómo estos se incorporaron a las diversas formas del paganismo europeo, incluido el paganismo celta y el druidismo, el paganismo nórdico y asatru, el paganismo germánico, el paganismo eslavo, el politeísmo griego y la Wicca. Dado que algunas de estas religiones son más antiguas que otras, a menudo hay grandes variaciones de tradiciones, o costumbres relacionadas con las mismas prácticas o entidades. Los dioses y diosas tienen diferentes nombres y asociaciones e incluso podrían ser honrados a través de diferentes rituales y ceremonias. Sin embargo, solo las religiones más antiguas han sobrevivido a través de las tradiciones orales, y su evolución diversificada solo es comparable al desarrollo de las más nuevas.

Esperamos que los capítulos de este libro le hayan dado suficiente información para despertar su interés y decidir qué camino pagano seguir. De ser así, el último capítulo debería ayudarlo a incorporar ese camino elegido para su vida. Si aún no ha elegido, incorporar elementos del paganismo en su agenda lo ayudará a ponerse en contacto con su espiritualidad. Recuerde, el paganismo es una práctica altamente espiritual y personal. Si bien es beneficioso para los paganos compartir sus ideas y confiar en personas de ideas afines, no olvide que su poder está dentro suyo. Incluso los pequeños rituales paganos como caminar en la naturaleza, meditar durante 10 minutos o recitar una oración a una deidad a la que se sienta atraído pueden ayudarlo a encontrar su camino y propósito. Si desea profundizar en una práctica específica y celebrar las fiestas paganas, consulte la Rueda del Año en este libro. Esta le ayudará a las aquellas prácticas que se ajusten a su camino, necesidades y preferencias.

# Segunda Parte: Paganismo nórdico

*Desvelando los secretos de la magia nórdica, las runas del Futhark antiguo, los hechizos, el Ásatrú, los rituales chamánicos y la adivinación*

# Introducción

El paganismo nórdico, o *Etenismo*, es un sistema de creencias complejo y fascinante que ha captado la atención de todo el mundo. En su núcleo, el paganismo nórdico es una tradición espiritual que honra a los dioses y diosas del antiguo panteón nórdico, así como a los espíritus de la naturaleza, los antepasados y otras entidades sobrenaturales. Aunque el paganismo nórdico se practica desde hace miles de años, ha experimentado un resurgimiento en los últimos tiempos, gracias en parte a la creciente popularidad del neopaganismo y la Wicca. Muchos practicantes modernos, a veces llamados wiccanos *nórdicos*, se inspiran en las antiguas creencias y prácticas nórdicas para crear una forma vibrante y dinámica de espiritualidad que les es propia.

Uno de los aspectos más distintivos del paganismo nórdico es su énfasis en la interconexión de todas las cosas. Según esta visión del mundo, todo en el universo está conectado y todas las cosas están imbuidas de una chispa divina. Esta creencia se refleja en los numerosos mitos y leyendas del panteón nórdico, que representa a los dioses y diosas como íntimamente implicados en el mundo natural, dando forma e influyendo en las fuerzas de la naturaleza a través de sus acciones y actos. Otra característica esencial del paganismo nórdico es su énfasis en la comunidad y el parentesco. Muchos practicantes modernos del paganismo nórdico, inspirados en la antigua tradición vikinga del thing, o asamblea pública, se reúnen para celebrar festivales, compartir historias y honrar a los dioses y diosas en un entorno comunitario. Este sentido de comunidad y propósito compartido es una poderosa fuente de fuerza e inspiración para muchos practicantes modernos del paganismo nórdico, ayudándoles a conectar con el mundo natural y entre sí de forma profunda y significativa.

Uno de los aspectos más intrigantes del paganismo nórdico es su conexión con el mundo natural. En la antigüedad, el pueblo nórdico vivía en una tierra dura e implacable donde las fuerzas de la naturaleza estaban siempre presentes y a menudo eran peligrosas. Para sobrevivir, desarrollaron una profunda reverencia por el mundo natural, considerándolo a la vez poderoso y sagrado. Esta reverencia por la naturaleza se refleja en muchos aspectos del paganismo nórdico, desde el culto a los espíritus de la naturaleza y a las deidades asociadas con los elementos hasta el uso de materiales naturales en rituales y ceremonias. Los practicantes modernos del paganismo nórdico han continuado esta tradición, encontrando inspiración y guía en los ritmos del mundo natural.

A lo largo de este libro, explorará el rico y diverso mundo del paganismo nórdico, profundizando en su historia, mitología y prácticas. Aprenderá cómo esta antigua tradición espiritual ha evolucionado y se ha adaptado y continúa inspirando e informando al neopaganismo moderno, la Wicca y otros sistemas de creencias relacionados. Tanto si es un experimentado practicante del paganismo nórdico como si simplemente siente curiosidad por esta fascinante tradición espiritual, este libro le ofrece una mirada única y profunda sobre uno de los sistemas de creencias más perdurables y poderosos de la historia de la humanidad.

# Capítulo 1: Paganismo 101

Este capítulo le presentará la religión pagana y los términos "paganismo" y "pagano". Además de recibir un análisis en profundidad de los antecedentes históricos antiguos y modernos del paganismo, también aprenderá sobre las diversas religiones paganas que existen y han existido en todo el mundo. Por último, aprenderá
l explorar las principales creencias y prácticas tradicionales del paganismo.

## ¿Qué es el paganismo?

El paganismo es una de las tradiciones espirituales más antiguas del mundo. Es anterior al cristianismo, aunque se cree que el término "paganismo" fue acuñado por practicantes cristianos que lo utilizaron para etiquetar a todos los que no compartían su sistema de creencias. La palabra "pagano" procede del latín "paganus", que significa "habitante del campo" o "de la tierra". Con el tiempo, el término ha sido reclamado por muchos paganos y ahora se utiliza con orgullo para describirse a sí mismos.

Los paganos adoran la naturaleza y sus criaturas °

El paganismo es un término general utilizado para describir diversas tradiciones espirituales basadas en la tierra. Generalmente se refiere a una religión basada en la tierra en la que los practicantes veneran y respetan la naturaleza y sus criaturas. Los paganos creen que la energía universal puede encontrarse en todas las cosas naturales y a menudo buscan en la naturaleza guía e inspiración.

A lo largo de los siglos, el paganismo ha evolucionado y cambiado para reflejar las culturas y creencias de sus practicantes. Hoy en día, existen muchas formas diferentes de paganismo practicadas en todo el mundo. Por ello, es uno de los movimientos religiosos más diversos del mundo. Tampoco es un sistema de creencias centralizado como otras religiones muy extendidas. Los practicantes no siguen una doctrina estricta ni se reúnen regularmente en lugares de culto.

## Origen del paganismo

Se cree que el paganismo se originó en la Europa precristiana, posiblemente desarrollado a partir de una necesidad de explicar sucesos comunes en el mundo natural y el lugar de las personas en él. Los historiadores creen que las ideas paganas se desarrollaron probablemente en pequeñas comunidades muy unidas en las que todos se conocían y confiaban los unos en los otros. A medida que estas comunidades crecían, las creencias se fueron organizando hasta convertirse en religiones.

Las creencias paganas probablemente se desarrollaron por primera vez en Europa y Asia, y algunas pueden remontarse a muchas culturas antiguas, como la celta, la griega y la romana. Sin embargo, el paganismo puede encontrarse en casi todas las culturas del mundo. Se practicaba ampliamente en toda Europa, pero con el auge del cristianismo en el siglo IV, empezó a declinar. Sin embargo, se siguió practicando hasta el siglo X en cierta medida. En el siglo XVI, el Renacimiento fue un periodo de intenso interés por la cultura clásica. Durante esta época, el paganismo se incorporó a las artes, la música, la literatura y muchos otros aspectos de la vida.

El paganismo comenzó a resurgir como un movimiento religioso distinto en el siglo XX. En el Reino Unido, la Federación Pagana se fundó en 1971 para apoyar a los paganos de todas las tradiciones. Desde entonces, la tendencia no ha dejado de crecer en todo el mundo.

Muchas de las principales religiones del mundo, como el cristianismo, el islam y el judaísmo, tienen sus raíces en el paganismo. Durante la Edad Media, cuando la cristianización del continente europeo estaba en pleno apogeo, el cristianismo comenzó a sustituir a muchas de las antiguas tradiciones paganas. Sin embargo, la gente siguió practicándolas en secreto, a menudo disfrazándolas de tradiciones cristianas. Los que no lo hacían y los que eran descubiertos eran perseguidos y ejecutados por la Iglesia. A pesar de siglos de persecución, el paganismo ha sobrevivido y ahora está prosperando de nuevo en muchas partes del mundo. En la actualidad, se calcula que hay unos dos millones de paganos en todo el mundo, y el paganismo se ha convertido en una de las religiones de más rápido crecimiento en el mundo.

## Historia del paganismo

### Paganismo en Europa

Desde la antigüedad, el paganismo en Europa se ha asociado con el culto a la naturaleza, la magia y una profunda reverencia por el mundo natural. Por aquel entonces, la tierra era en su mayor parte bosque, y la gente vivía en pequeñas aldeas o eran tribus que cuidaban de sus granjas o rebaños. Había muchas tribus diferentes, cada una con costumbres y creencias únicas.

Inglaterra tiene una rica historia de paganismo, que se remonta a la Edad de Bronce. Las tribus paganas de Inglaterra adoraban a varios dioses y diosas, entre ellos el dios del sol, el dios de la luna y la diosa de la fertilidad. La deidad pagana más conocida en Inglaterra es la diosa Brigid, la Dama del Lago. Se la asocia con el fuego, la sanación y la poesía. Otra deidad popular es el Dios Astado, asociado con la caza y los animales. El paganismo fue la religión dominante en Inglaterra hasta la llegada del cristianismo en el siglo VII. Poco después, empezó a decaer a medida que la iglesia cristiana se hacía más poderosa. En el siglo XIII, prácticamente había desaparecido de Inglaterra. Sin embargo, experimentó un resurgimiento en los siglos XVIII y XIX cuando la gente empezó a explorar otras religiones.

Al igual que Inglaterra, Irlanda también era un país pagano antes de la llegada del cristianismo en el siglo V. Sin embargo, los paganos practican allí diversas tradiciones ancestrales. Estas tradiciones incluyen la construcción de altares o santuarios temporales, el encendido de hogueras y la ofrenda de regalos a los dioses y diosas. También celebran diversos festivales estacionales, como Beltane y Mabon. El neopaganismo en Irlanda es un movimiento moderno que revive antiguas tradiciones paganas. Lo practica una pequeña minoría, la mayoría de los cuales son miembros de la Federación Pagana de Irlanda.

El paganismo fue también la religión dominante en Islandia antes de su cristianización en el año 1000 d. C. Se cree que el paganismo llegó por primera vez a Islandia alrededor del año 900 d. C., traído por colonos de Escandinavia y las Islas Británicas. El paganismo siguió practicándose en Islandia incluso después de que el cristianismo se convirtiera en la religión dominante. Después, el paganismo perdió popularidad, pero algunos islandeses siguieron practicándolo hasta el siglo XIII. Después de eso, el cristianismo se convirtió en la única religión practicada en Islandia. Los paganos islandeses también creían en muchos otros seres, como elfos, enanos, gigantes y troles. Se pensaba que algunos de estos seres eran útiles, mientras que otros se consideraban peligrosos. Las creencias y prácticas paganas se transmitían oralmente de generación en generación.

Noruega y Suecia son los dos países con las tradiciones paganas más coloridas y duraderas. Aunque Noruega se convirtió al cristianismo hacia finales del siglo X o principios del XI, el país tardó en abandonar sus costumbres paganas. Los paganos suecos, por su parte, no aceptaron el cristianismo hasta mediados o finales del siglo XI, lo que permitió que el paganismo floreciera mucho después del siglo XII.

#### Paganismo en América

El paganismo estadounidense tiene una historia larga y complicada. Es difícil decir con precisión cuándo o cómo llegó el paganismo por primera vez a las costas de Estados Unidos. Algunos creen que los antiguos pueblos indígenas de América del Norte y del Sur lo practicaron de una forma específica, mientras que otros creen que los primeros paganos de América fueron inmigrantes europeos que trajeron consigo sus propias creencias y prácticas.

Los colonos europeos trajeron a América diversas tradiciones paganas, como el druidismo, el chamanismo celta, la magia nórdica y la wicca. Estas tradiciones se mezclaron y entremezclaron entre sí y con las creencias nativas ya presentes en América, creando una tradición pagana rica y diversa.

El paganismo siguió creciendo en popularidad a lo largo de los siglos XIX y XX. En las décadas de 1960 y 1970, los movimientos feministas y por los derechos civiles despertaron un renovado interés por el paganismo y otras espiritualidades alternativas. A finales del siglo XX, el paganismo comenzó a recuperar popularidad en América. Este resurgimiento se debió en parte a la creciente concienciación sobre los problemas medioambientales y a la popularidad de los libros y películas protagonizados por personajes paganos.

#### Paganismo en Asia

El paganismo también se practica en muchas partes de Asia. En Japón, la religión autóctona, el sintoísmo, es una forma de paganismo. También hay muchos paganos en China que practican el taoísmo, una religión autóctona china con elementos de paganismo. En la India existen numerosas tradiciones paganas que aún se practican hoy en día. En Corea, el chamanismo sigue siendo practicado por una pequeña minoría de la población.

#### Paganismo en África

A menudo se asocia con la antigua religión egipcia y, más recientemente, con los sistemas de creencias tradicionales del pueblo san. Sin embargo, no existe una única tradición pagana africana. En su lugar, existe una variedad de costumbres paganas que se siguen en todo el continente.

Los africanos creen que los antepasados mantienen conexiones espirituales con los parientes vivos. Existe una tendencia general a que los espíritus ancestrales sean amables y buenos. Las acciones negativas de los espíritus ancestrales provocan enfermedades leves y advierten a las personas de que están errando el camino.

Los san, también conocidos como bosquimanos, son indígenas del sur de África. Los san siguen una religión pagana basada en el animismo, la creencia de que todo en la naturaleza tiene un espíritu. Los antepasados son considerados espíritus poderosos que pueden ayudar o perjudicar a los vivos.

### Paganismo en Australia y Nueva Zelanda

El paganismo también se practica en Australia y Nueva Zelanda. El tipo de paganismo más común en estos países es la Wicca. La religión pagana del pueblo maorí se conoce como religión maorí. Como forma de animismo, sostiene que todo en la naturaleza es espiritual. Enseña que los humanos están conectados con todas las cosas de la naturaleza y que las personas deben respetar y cuidar el mundo natural.

### El paganismo en el subcontinente indio

El paganismo también se practicaba en el subcontinente indio, siendo el hinduismo el tipo de paganismo más común. Es la religión más antigua y prominente del subcontinente. Es una religión politeísta, lo que significa que los hindúes creen en muchos dioses y diosas.

### El paganismo hoy

Desde el declive del cristianismo en Europa, el paganismo ha crecido mucho en popularidad. A medida que la gente fue adquiriendo libertad para seguir otros sistemas de creencias, aumentó la curiosidad por culturas pasadas y lejanas. Este cambio comenzó con la llegada del Renacimiento, hacia mediados del siglo XV. El primer territorio donde empezaron a despegar los santuarios dedicados a deidades paganas (además de los lugares cristianos) fue en Grecia.

Aproximadamente un siglo después, Gran Bretaña se convirtió en un país protestante, a lo que siguió la persecución de quienes no seguían esta religión. Una vez finalizada la agitación, la gente fue libre de explorar pensamientos no cristianos, incluidos los de la literatura griega y romana que describían cuentos y mitos de deidades y héroes paganos.

El primer sistema de creencias paganas que resurgió en Gran Bretaña fue el druidismo. Pronto le siguieron otras religiones, ya que la gente seguía buscando los principios fundamentales de la vida estudiando otras creencias religiosas de diferentes lugares y épocas. En el norte de Europa, la gente redescubrió el paganismo anglosajón y nórdico.

La wicca, la forma más reciente de paganismo, se desarrolló a finales del siglo XIX, cuando aumentó el interés por la brujería entre los practicantes paganos. La wicca se basa vagamente en antiguas tradiciones paganas, pero incorpora muchos elementos modernos. Después de mediados del siglo XX, otras tradiciones religiosas y espirituales revivieron de forma similar y se incorporaron a las prácticas paganas.

Una de las señas de identidad del paganismo moderno es el énfasis en el feminismo, probablemente el resultado del movimiento feminista de los años sesenta. La veneración de la Gran Diosa única como arquetipo de la fuerza interior y la dignidad de la mujer tiene su origen en esta creencia.

## Religiones paganas

Existen muchos tipos diferentes de paganismo. Las formas más comunes incluyen el Ásatrú, el Etenismo, el Druidismo, el Odinismo, el Animismo, el reconstruccionismo celta y la wicca. Es fácil ver que el paganismo representa un crisol de diferentes creencias espirituales y religiosas. Cada uno incorpora su propio conjunto de creencias y tradiciones.

El animismo se basa en la antigua creencia de que todo en la naturaleza está imbuido de espíritu. Esto incluye animales, plantas, rocas e incluso objetos inanimados. El animismo es una de las religiones más antiguas del mundo.

El druidismo celebra el panteón celta de dioses y diosas. En la antigüedad, los druidas eran la clase más elevada de los celtas. Eran los encargados de realizar ceremonias, como hacer ofrendas y celebrar bodas y funerales. El druidismo es una religión basada en la tierra que hace hincapié en la armonía con el mundo natural.

Los practicantes de la wicca rinden culto a las diosas de la naturaleza. Creen en el poder de la magia natural y la utilizan para potenciar sus hechizos y rituales. La wicca es una de las formas más recientes de la religión pagana.

El Odinismo es un tipo de paganismo que gira en torno a la adoración de los dioses nórdicos, como Odín y Thor. Los odinistas creen en el poder de la magia y las runas. También dan gran importancia al valor, el honor y la lealtad.

Ásatrú es una forma de paganismo que venera a las deidades nórdicas. Es similar al Odinismo, excepto que enfatiza la ética y la moralidad en lugar de la magia.

Los reconstruccionistas celtas pretenden revivir la antigua cultura y religión celtas. Creen en seguir los caminos tradicionales de sus antepasados. Consideran vital preservar la antigua lengua y cultura celtas.

El paganismo se basa en el culto a deidades con raíces paganas germánicas, como Odín y Thor. Sus seguidores creen en la magia y en el poder de las runas. Sus valores más destacados son el valor, el honor y la lealtad.

## El núcleo de las creencias del paganismo

El paganismo es una religión politeísta cuyos seguidores creen en múltiples dioses y diosas. Cada dios o diosa representa un aspecto diferente del mundo natural o de la experiencia humana. Por ejemplo, puede haber un dios del sol, un dios del amor o una diosa de la sabiduría. Cada aspecto de la experiencia humana se atribuía a uno o varios de estos dioses y diosas.

Lo divino como concepto también existe en varias formas en el paganismo. A algunas deidades se les atribuían energías femeninas, mientras que otras tenían energía masculina. Muchas deidades paganas masculinas tienen homólogas femeninas para mantener el equilibrio natural. Algunos paganos también veneran a divinidades que encarnan energías tanto femeninas como masculinas. El equilibrio entre lo femenino y lo masculino simboliza la fertilidad y la procreación. Los paganos equiparan esto al renacimiento de la Tierra al comienzo de cada año del calendario pagano.

También creen en la magia y en el poder de la naturaleza. Veían la vida como un ciclo continuo con nacimiento, muerte y renacimiento, de forma similar a como veían los cambios cíclicos de la naturaleza. Los paganos buscaban y siguen buscando vivir en paz con la naturaleza y se esfuerzan por mantener una conexión con ella y respetarla en la medida de lo posible.

Los paganos no siguen ningún principio universal. Aspiran a vivir en paz consigo mismos y con los que les rodean. Tratan de evitar hacer daño a los demás porque creen que cualquier daño que causen puede volverse contra ellos.

# Núcleo de prácticas y rituales paganos

Los rituales y las celebraciones paganas se basan a menudo en el cambio de las estaciones y los ciclos de la naturaleza. También pueden implicar honrar a deidades o celebrar ocasiones trascendentales como el nacimiento, el matrimonio, la muerte y la transición a la edad adulta. Aunque el método de celebración depende de las tradiciones y de las preferencias personales, los paganos suelen celebrar tanto mental como físicamente. Los ritos y festividades sagrados suelen ir acompañados de bailes, cantos y tambores. Los ritos y ceremonias pueden incluir oraciones y ofrendas, que pueden ser en forma de objetos, comidas y bebidas. Se cree que ofrecer estos objetos a los antepasados o a las deidades los apacigua y establece una conexión con ellos.

Los paganos también utilizan la representación de la naturaleza en sus prácticas. El aire, la tierra, el agua y el fuego se utilizaban a menudo en los rituales, la consagración de objetos o su limpieza. Por ejemplo, tomar un baño purificador en agua salada es una forma típica pagana de prepararse para rituales y ceremonias.

En la antigüedad, los paganos solían practicar en comunidades de diversos tamaños. Sin embargo, el número de practicantes solitarios ha aumentado significativamente desde el renacimiento del paganismo. Los paganos prefieren rendir culto al aire libre o en la santidad de sus hogares, siempre que sepan que no serán molestados. La razón principal de esto radica en la forma en que la mayoría de los paganos comienzan su trabajo. Una práctica pagana típica comienza centrándose en la propia mente, lo que requiere conectarse a tierra. Una buena forma de conseguirlo es a través de la meditación, que conecta al practicante con la energía de la naturaleza y le permite mantener el equilibrio físico y emocional.

Construir un santuario o un altar es también una práctica pagana común. Esto representa un espacio sagrado donde los paganos pueden dirigirse a sus deidades y guías espirituales o mejorar su práctica espiritual. Los paganos suelen erigir santuarios y altares en sus casas, normalmente en el dormitorio o en otras zonas apartadas. Los que viven en entornos rurales y solos pueden crear altares al aire libre. Los paganos decoran sus altares con la representación de la naturaleza, sus deidades, antepasados queridos, objetos de poder personal y herramientas mágicas. Pueden dedicar el altar a causas o entidades particulares, utilizándolo para dejar ofrendas, meditar, realizar rituales de limpieza o sanación, y mucho más.

No está claro si los antiguos paganos realizaban otras prácticas además de las dirigidas a deidades, guías y asuntos de su vida. Sin embargo, los paganos modernos suelen realizar rituales diarios como parte de su práctica espiritual. Hoy en día, el paganismo se considera una práctica muy personal. Uno puede optar por hacer una simple meditación de 10 minutos todos los días, mientras que otros sólo celebran fechas sagradas asociadas a cambios estacionales o deidades.

Las prácticas del paganismo ponen un gran énfasis en la intención verbal. Muchos practicantes creen que verbalizar sus deseos es el primer paso para manifestarlos. Por ello, los paganos eligen cuidadosamente sus palabras durante su práctica para asegurarse de alcanzar sus objetivos vitales.

La adivinación es otra práctica pagana muy extendida. Las diferentes formas de paganismo se basan en diversos métodos y enfoques de adivinación, desde preguntar qué nos depara el día hasta indagar sobre un resultado futuro específico. Las herramientas utilizadas en la adivinación incluyen las runas, las cartas del Tarot, los péndulos, los animales, las plantas y otros elementos de la naturaleza. Los sueños también pueden ser instrumentos de adivinación.

Algunos paganos llevan símbolos sagrados, que les sirven como amuletos y talismanes. Uno de los símbolos paganos más conocidos es el pentáculo. Se considera un poderoso símbolo de protección, especialmente para quienes practican la magia. Para los paganos, la magia es una práctica espiritual que manifiesta cambios, muy parecida a la oración en otras religiones. La única diferencia es que la magia tiene un componente físico unido a una intención clara. Esta conjunción permite al practicante potenciar su energía para apoyar esa intención. Los paganos pueden optar por potenciarse a través de la concentración feroz, los cánticos o los métodos de respiración. Todos estos ejercicios tienen el mismo objetivo: liberar la energía personal en aquello que sirva a la intención del practicante. Algunos practicantes utilizan objetos (como una vela o un amuleto) para aprovechar la energía liberada.

## Paganismo anglosajón y paganismo nórdico

El paganismo anglosajón y el nórdico son las dos ramas más extendidas del antiguo paganismo germánico. Ambas proceden de las mismas raíces paganas protogermánicas y presentan algunas similitudes. Por ejemplo, tanto los antiguos paganos anglosajones como los nórdicos adoraban a las mismas deidades y tenían puntos de vista similares sobre el culto ancestral y la reverencia a la naturaleza. Sin embargo, eran dos religiones distintas. Su evolución diversificada comenzó poco después de que las tribus paganas germánicas emigraran y se asentaran en distintas partes de Europa. En cuanto las tribus anglosajonas invadieron el territorio de Gran Bretaña, empezaron a desarrollar tradiciones locales. Los nombres y funciones de sus deidades pueden haber cambiado, y otros dioses y diosas se añadieron a su panteón. Su lenguaje escrito (el alfabeto rúnico) se modificó y se añadieron pentagramas adicionales. Los paganos nórdicos, por su parte, se asentaron en Escandinavia y mantuvieron la mayoría de sus tradiciones germánicas originales. Esto incluía los nombres y funciones de sus dioses y diosas, los lugares y métodos de culto y el conjunto original de pentagramas rúnicos. La evolución del paganismo anglosajón se truncó hacia el siglo VII, cuando las tribus fueron convertidas por la fuerza al cristianismo. El paganismo nórdico siguió evolucionando hasta el siglo XII porque los paganos de Escandinavia y Europa central se convirtieron al cristianismo mucho más tarde. Tras su conversión, los antiguos paganos anglosajones adoptaron muchas tradiciones cristianas, mientras que los paganos nórdicos mantuvieron algunas de sus tradiciones básicas. Debido a todas estas diferencias, el sistema de creencias paganas nórdico se ha conservado mucho mejor a lo largo de la historia que su homólogo anglosajón.

# Capítulo 2: Religión nórdica: Antigua y moderna

El paganismo nórdico se basa en gran medida en la antigua tradición nórdica, vinculando estrechamente religión y mitología. Este capítulo le introducirá en la religión nórdica en dos partes. En primer lugar, explorará los antiguos mitos y creencias nórdicos, y después le mostrará cómo ha evolucionado la religión nórdica en los tiempos modernos.

## La antigua religión nórdica

Las pruebas más antiguas de la religión nórdica proceden de la Edad de Hierro. Las pruebas arqueológicas de motivos de culto al sol, como las cruces solares de la Escandinavia de la Edad de Hierro, indican que en aquella época existía una religión basada en la naturaleza. La religión nórdica se desarrolló a partir de una religión germánica de la Edad de Hierro mucho más antigua. Las pruebas de los primeros tiempos de la religión nórdica son escasas. Sin embargo, después de que las tribus escandinavas abandonaran sus territorios de origen y se asentaran en otras partes del noroeste de Europa, difundieron su sistema de creencias. Por ejemplo, cuando las tribus nórdicas llegaron a Noruega, trajeron a su dios Thor, la deidad más popular entre el común de los nórdicos.

Hasta la llegada del cristianismo, el paganismo nórdico florecía en Europa. Las tribus británicas fueron las primeras en convertirse a la nueva religión. Y cuando el cristianismo llegó a Escandinavia, ya era una religión prominente en Europa. Sin embargo, los paganos escandinavos tardaron mucho más en convertirse. Aunque la conversión reportó muchos beneficios a los reyes europeos, los plebeyos querían permanecer fieles a sus antiguas tradiciones y creencias. Una de las razones de la resistencia fue la naturaleza politeísta de la religión nórdica. Cuando la conversión masiva se convirtió en la norma, muchos seguidores de la religión nórdica simplemente absorbieron al dios cristiano como una deidad más dentro de su fe. El cristianismo inspiró inadvertidamente nuevas formas de expresión pagana al influir en diversos mitos.

En el siglo XII, el cristianismo se había extendido por todos los rincones del noroeste de Europa, casi erradicando todas las demás religiones de estas zonas, incluido el paganismo nórdico. Sin embargo, las historias de las poderosas deidades nórdicas siguieron transmitiéndose oralmente durante al menos dos siglos. Aunque no está claro cómo se produjo la transmisión, algunos creen que los dioses nórdicos fueron adorados en secreto por fieles devotos que dudaban en abandonar su pasado pagano. Como resultado, la mitología nórdica siguió siendo popular durante cientos de años después de que la creencia en sus deidades se hubiera desvanecido. A pesar de la prevalencia del cristianismo en Escandinavia durante este periodo, los rituales paganos se observaron durante siglos después. Hoy en día, la mitología nórdica sigue siendo importante para muchas personas y es una fuente de inspiración en el arte, la literatura y la música.

## El sistema de creencias nórdico

La antigua religión nórdica era politeísta y se concentraba en la veneración de un panteón de dioses, diosas y otros seres sobrenaturales.

## Deidades nórdicas

Los antiguos nórdicos estaban divididos en dos tribus: los æsir y los vanir. Los æsir eran la primera tribu de dioses, vivían en los cielos y se les atribuían poderes celestiales. Vivían en Asgard y gobernaban la guerra, la sabiduría, el valor y el deber. Eran venerados por guerreros y líderes. Los æsir eran protectores que vigilaban los demás reinos y establecían la ley y el orden en todos los reinos. Los vanir, por su parte, eran dioses y diosas menores asociados con el mundo natural. Viviendo en Vanaheim, los Vanir eran deidades de la fertilidad, la cosecha, el mar, las estaciones y el amor. Sus seguidores eran campesinos que dependían más de los ciclos de la naturaleza.

# Los dioses æsir

## Odin

Odín, dios de la magia y la sabiduría [10]

Odín era el más poderoso y temido de los dioses nórdicos. No sólo era respetado por los mortales, sino también por los dioses. Era el dios de la sabiduría, la magia, la guerra y la poesía. Sin embargo, a pesar de ser un símbolo de la justicia, también era conocido por disfrazarse y provocar problemas entre los mortales, lo que a menudo desembocaba en guerras. Según la tradición, lo hacía para recoger las almas de los guerreros en el Valhalla y formar un ejército para la próxima batalla del Ragnarök.

Odín también era considerado un dios del chamanismo y tenía una influencia significativa sobre los chamanes. Según las leyendas nórdicas antiguas, podía viajar a otros reinos mientras parecía dormido o muerto. Odín tenía dos cuervos que le traían noticias de todos los reinos y dos lobos que le servían de leales y feroces compañeros.

Odín ha sido asociado a menudo con la poesía en los mitos nórdicos y se sabe que hablaba con elocuencia y utilizaba poemas en su discurso. La poesía, o en otras palabras, el conocimiento, era un don que llevaba consigo y que sólo entregaba a aquellos que consideraba dignos. Odín robó el hidromiel de la poesía a los gigantes y se lo dio a los dioses y diosas de su elección, junto con unos pocos seguidores mortales.

Odín está asociado con la muerte. Como ávido buscador del conocimiento, era conocido por su capacidad para comunicarse con los muertos. Algunas fuentes sugieren que incluso resucitaba las almas de los muertos para buscar su conocimiento y sabiduría.

### Frigg

Como la más poderosa de las diosas æsir y esposa de Odín, Frigg es la reina de Asgard. Para los pueblos germánicos, Frigg era un símbolo de la maternidad, aunque sus funciones se redujeron en la mitología nórdica. También es la diosa patrona del matrimonio, y el día viernes deriva de su nombre. Por ello, los paganos nórdicos creían que el viernes era el mejor día para casarse. Aunque algunas fuentes describen a Frigg como infiel o astuta, en la Edda Poética se la muestra como una madre y esposa cariñosa. Lloró cuando mataron a su hijo Balder. Siempre se la mencionó como la igual de Odín y una digna pareja para él en cuanto a sabiduría e intelecto.

### Thor

Como protector y guardián de los guerreros, Thor era una de las figuras más destacadas del panteón de los æsir. Creía en el orden y era el dios al que recurría la gente cuando deseaba estabilidad social y justicia. Thor era el dios del trueno y del cielo y, en algunas versiones de los mitos nórdicos, de la agricultura. Fue engendrado por Jörð, la encarnación de la Tierra y una de las amantes de Odín.

Thor era el defensor de Asgard y Midgard, un poderoso guerrero y una figura masculina cuya leyenda continuó a lo largo de los años y pasó de generación en generación. Existen varios mitos en los que aparece matando gigantes para defender ambos mundos. Aunque su imperioso sentido del deber le ponía a menudo en peligro, nunca cejó en su empeño de proteger a los débiles y a quienes necesitaban su ayuda. Su fiel compañero - su martillo Mjölnir- era su arma más poderosa, pero también lo utilizaba para otros fines. Por ejemplo, lo utilizaba para bendecir bodas, actos sociales y tierras donde los campesinos plantaban sus cultivos o construían sus viviendas.

Según la tradición, Thor viaja por Asgard y Midgard en un carro tirado por dos cabras. También se le asocia con la lluvia y las mareas y se le pedía que bendijera las cosechas y ayudara a la gente a encontrar sustento. Se dice que es recto, pero a menudo sólo sigue su propia brújula moral. Se profetizó que Thor moriría en el Ragnarök, pero lo haría derribando primero a la serpiente del mundo, Jörmundgander.

### Loki

Loki es un dios embaucador de la mitología nórdica, famoso por sus travesuras y delitos. Su posición en el panteón de los æsir no está del todo clara. Aunque la mayoría de las fuentes afirman que su padre es Jotun Farbauti y su madre la gigante Laufey, otras fuentes discrepan. A menudo se representa a Loki como compañero de Thor y Odín, pero lo más probable es que los utilizara para su propio beneficio. A menudo egoísta y sin tener en cuenta las consecuencias de sus actos, Loki suele ser descrito como una deidad que hace lo que quiere.

A pesar de ello, Loki también utilizó su ingenio y astucia en varias ocasiones para ayudar a sus dioses compañeros a escapar de los problemas. También era conocido por hacer las cosas bien y arreglar lo que estropeaba, aunque a veces lo hacía bajo coacción. Debido a su intelecto, los æsir recurren a menudo a Loki para que les ayude a resolver problemas, incluso cuando no es culpa suya.

Loki es un cambiaformas que puede cambiar de forma y de sexo, como demuestra el hecho de que haya sido madre de algunos de sus hijos y padre de otros. Sus vástagos desempeñan un papel fundamental en el Ragnarök, ya que dos de ellos matarían a los guerreros más poderosos de los æsir, Odín y Thor. Se predice que Loki y Heimdal lucharán durante el Ragnarök, y que ambos se matarán mutuamente. Quizás la historia más notoria de las travesuras de Loki en los mitos nórdicos es cómo hizo matar a Balder mediante engaños - y más tarde, continuó con su plan e impidió el regreso del alma de Balder desde Hel.

### Balder

El dios æsir de la sabiduría inefable, Balder, también era conocido por sus rasgos llamativos. Resolvía las disputas entre dioses y mortales enemistados, y lo hacía utilizando únicamente su encanto e ingenio. Como hijo de Odín, Balder tuvo muchos hermanos y hermanastros, entre ellos Thor. Se casó con la diosa Nanna, y su hijo Forseti heredó la sabiduría y el aprecio por la justicia de su padre. Resolvía los conflictos con la misma calma y era conocido por ser un símbolo de paz y justicia.

### Heimdal

Como guardián del reino de los æsir de Asgard, Heimdal vivía en Himinbjörg. Siempre vigilante y atento, Heimdal fue bendecido con un oído tan poderoso que podía escuchar el crecimiento de la hierba y la lana de las ovejas. También podía ver a cientos de kilómetros, de día y de noche.

Heimdal era uno de los hijos de Odín y es otra figura muy apreciada por los paganos nórdicos y otros pueblos germánicos. Algunas fuentes afirman que es el padre de la humanidad, posiblemente porque enseñó a los mortales muchas cosas, como la noción de clases sociales. Cuando no estaba montando guardia, Heimdal vagaba disfrazado por Midgard, aconsejando a la gente, especialmente a las parejas. Algunas fuentes sugieren que Heimdal nació de nueve doncellas, que también eran hermanas. Blandía una enorme espada y, según algunos relatos, tenía el don de la previsión y podía ver el futuro.

### Tyr

Tyr es uno de los dioses más antiguos de la tradición germánica, asociado con la guerra, la paz, los tratados y la justicia. A diferencia de Odín, que sólo incitaba a las guerras, Tyr estaba ligado a todos los aspectos de la batalla, incluido su final. Su nombre se asocia con el día "martes", que conecta con los dos nombres, Tyr y Marte, este último derivado de la adopción de Tyr por los romanos como su dios Marte.

Tyr era responsable de mantener el orden y la ley, así como de difundir la justicia. También era valiente. Esto se demostró en el cuento de la atadura de Fenrir, en el que Tyr sacrificó su brazo para asegurarse de que la bestia gigante estuviera atada y no pudiera hacer daño a nadie. Su sacrificio se compara a menudo con el de Odín, que sacrificó su ojo para obtener el conocimiento.

## Los dioses Vanir

### Freyja

Engendrada por Njörðr, Freyja nació en la tribu vanir de Vanaheim hasta que fue secuestrada y llevada a Asgard tras la guerra, donde vivió entre los æsir. Estuvo casada con su hermano Freyr. Freyja se asocia a menudo con el amor, la lujuria, la fertilidad y la belleza. Se dice que su belleza no tenía parangón y que todos los que la veían la codiciaban. Era aficionada a sus atributos y le gustaba entregarse al placer y la pasión.

Freyja era también una hábil practicante de magia y estaba muy asociada con el chamanismo y el Seidr. Por ello, se la consideraba una vidente entre los dioses. Tenía muchos poderes chamánicos y mágicos, como transformarse en halcón. Según algunos relatos nórdicos, estaba asociada con la guerra y la batalla. Ella reclamó la mitad de las almas de los guerreros caídos en la batalla por su reino Fólkvangr.

### Freyr

Freyr, el hermano de Freyja, era otro dios de la fertilidad en la mitología nórdica, y se le ha relacionado con el sol y la abundancia. Freyr era uno de los dioses más prominentes entre la tribu Vanir y se le adoraba más que a su hermana o a su padre. Después de que él y su hermana se separaran de los Vanir, se cree que Freyr se casó con la diosa Jotun Gerðr. Freyr era también un valiente guerrero al que no le faltaba experiencia en el campo de batalla. Se profetizó que lucharía contra el gigante de fuego Surtr en el Ragnarök y moriría.

A menudo se rezaba a Freyr como dios de la fertilidad para obtener una buena cosecha. Podía controlar la lluvia y el sol, y los mortales le pedían su bendición para prosperar. Freyr estaba vinculado a la masculinidad y se le invocaba en bodas y celebraciones sociales para que trajera la felicidad. También era querido por los dioses porque les bendecía con abundancia durante las cosechas, riqueza y fertilidad.

### Njörðr

Njörðr era el padre de Freyja y Freyr y el dios vanir de la caza, la pesca, la navegación y el viento. Como muchos dioses vanir, también se le asociaba con la fertilidad y la riqueza. Tras la guerra, fue enviado a Asgard junto con Freyja y Freya, lo que le convirtió en miembro honorario de los æsir.

## Mitología y cosmología nórdicas

La mitología nórdica comienza con el mito de la creación y termina con el Ragnarök, el fin del mundo y la muerte de la mayoría de los dioses y mortales. Según las creencias nórdicas, la creación del mundo comenzó con Ginnungagap, una brecha gigante que existía incluso antes de que se formaran el mar, la tierra o el cielo.

Estaba situado entre el reino del hielo, Niflheim, y el reino del fuego, Muspelheim. Este último estaba lleno de lava fundida y humo, y cuando los fuegos saltaban de él, chocaban con el hielo que crecía de Niflheim. Como resultado, en Ginnungagap, el fuego derritió el hielo, y de las gotas de hielo derretido surgió Ymir, el primer gigante. Las gotas derretidas también crearon a Auðhumla (Auðumbla), la vaca primigenia cuya leche alimentó a Ymir. Cuando Ymir dormía, nacían gigantes de sus brazos y piernas. Auðumbla sobrevivió lamiendo rocas de limo salado para alimentarse, y así fue como se creó el primer dios æsir, Buri. Su hijo Bor se casó con Bestla, la hija del gigante Bolthorn, y de su unión nacieron Odín, Vili y Ve.

Los tres hermanos siguieron dando forma al mundo. Odín, Vili y Ve mataron a Ymir y llevaron su cuerpo a Ginnungagap. Allí, utilizaron su sangre para inundar el abismo, formando los océanos. Utilizaron su piel y sus músculos para hacer la tierra, mientras que su pelo lo usaron para crear la vegetación. Utilizaron los huesos de Ymir para dar forma a las rocas y piedras y su cerebro para formar las nubes, después de colocar su cráneo sobre la Tierra para formar con él el cielo. Los hermanos utilizaron entonces las brasas de Muspelheim para hacer la luz y las estrellas. Odín, Vili y Ve crearon al primer hombre y a la primera mujer a partir de troncos de árbol. Los llamaron Ask y Embla.

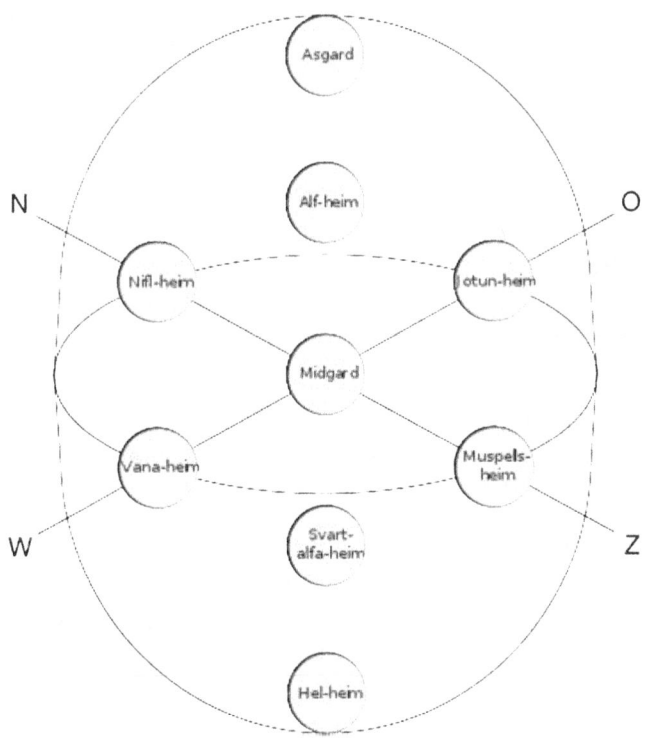

Los nueve reinos [11]

En la mitología nórdica, el universo consta de nueve reinos conectados por el Árbol del Mundo Yggdrasil. Los nueve reinos son:

- **Asgard:** El hogar de los dioses y diosas æsir.
- **Vanaheim:** El mundo donde vivían los dioses y diosas Vanir.
- **Midgard:** El mundo de los mortales.
- **Muspelheim:** El mundo primordial del fuego.
- **Niflheim:** El mundo primordial del hielo.
- **Jotunheim:** El mundo de los gigantes de escarcha.
- **Nidavellir o Svartalfheim:** El hogar de los enanos.
- **Alfheim:** El mundo de los elfos de la luz.
- **Hel o Helheim:** El inframundo.

## Los valores fundamentales de la religión nórdica

### Animismo

Los paganos nórdicos no buscaban las energías divinas en el cielo, sino en la vida cotidiana y en todo lo que les rodeaba. Según el mito, las deidades no siempre moraban en un reino lejano. En su lugar, tomaban la forma de animales y otros aspectos de la naturaleza. Los espíritus y la magia se encontraban incluso en objetos inanimados, como las rocas.

### La importancia de los antepasados

Los paganos nórdicos veneraban profundamente a sus antepasados y se enorgullecían de mantenerse en contacto con ellos. Los antepasados formaban parte de la familia y una fuerte conexión con ellos podía proporcionar muchos beneficios. Se cree que aquellos que desprecian su herencia y a sus antepasados están destinados a experimentar muchas desgracias.

### Hospitalidad, trabajo duro e integridad

Los antiguos nórdicos se preocupaban mucho por los valores sociales, la integridad y el orden. Consideraban tan necesario ser amables anfitriones como trabajar duro para lograr sus objetivos. Creían que uno sólo podía salvar su integridad si se mantenía productivo y procuraba vivir en paz en su comunidad.

### Destino

La poderosa creencia en el destino era un pilar de las tradiciones del paganismo nórdico, ya que se creía que nadie podía escapar de él, ni siquiera los dioses.

Sin embargo, a pesar de que los acontecimientos estaban predestinados, los nórdicos también creían en el control de sus acciones. No dejaban que su creencia en el poder del destino les arrebatara el libre albedrío. Los guerreros a menudo elegían abrazar la muerte con honor porque creían que era una medida de su carácter y honor.

### Prácticas espirituales

La mayoría de las prácticas paganas nórdicas giran en torno al culto a los antepasados y la reverencia a las deidades. A ambos grupos se les ofrecen sacrificios y oraciones con la esperanza de recibir bendiciones. La creación de túmulos funerarios para los muertos era una práctica aceptada por los paganos nórdicos, en la que el tamaño y la forma del túmulo determinaban el estatus del difunto.

El blót es un tipo de sacrificio que a menudo formaba parte de las prácticas espirituales privadas o públicas de los paganos nórdicos. Consistía en matar animales (y, según algunas fuentes, humanos) y ofrecer su sangre y órganos a las deidades o antepasados.

Las prácticas espirituales del paganismo nórdico a veces también implicaban el uso de la adivinación y la magia. La adivinación rúnica procede de la antigua cultura germánica y fue muy utilizada entre los paganos nórdicos en la antigüedad e incluso hoy en día. La práctica mágica más destacada es el Seidr, una forma única de chamanismo practicada inicialmente por Freyja y Odín.

### La importancia de la vida después de la muerte

Los nórdicos creían en la vida después de la muerte. Suponían que, tras abandonar el cuerpo, las almas de los difuntos viajaban al otro mundo. Los espíritus iban a parar a uno de los cinco reinos espirituales que los nórdicos creían que existían.

### El renacimiento moderno

Hoy en día, la gente sigue practicando el paganismo nórdico para conectar con sus antepasados y honrar los ciclos de la vida, la muerte y el renacimiento. Al honrar y conectar con sus antepasados a través de rituales, enseñanzas y reuniones comunitarias, los seguidores del paganismo nórdico moderno pueden obtener una comprensión y un aprecio más profundos de la vida. Ya sea participando en ceremonias nórdicas tradicionales o simplemente dedicando un tiempo cada día a conectar con la naturaleza, comprenden mejor cómo honrar el pasado.

### Etenismo

También conocido como etenería, el paganismo se centra en el panteón de los paganos germánicos. Sus creencias y prácticas incluyen el animismo y honrar a las divinidades de los antepasados en blót, además de servir comida y bebidas alcohólicas. Guiados por el deseo de adquirir sabiduría y guía de las divinidades nórdicas. Algunos seguidores emprenden el camino del Seidr. Algunos son practicantes solitarios, mientras que otros se reúnen en pequeños grupos para realizar rituales y ceremonias paganas al aire libre o en lugares sagrados de culto. Sus valores primordiales son la integridad personal, la lealtad y el honor. Las creencias sobre el más allá rara vez forman parte del quehacer de un pagano.

### Vanatru

Como indica su nombre (traducido como *"fiel a los Vanir"*), el Vanatru está dedicado a la tribu Vanir de las deidades nórdicas. La creencia de sus practicantes se centra en la fertilidad, la adivinación y la magia. Tratan a los dioses y diosas de la tribu Vanir como mortales en lugar de seres divinos. Las honran y respetan y esperan honor y respeto a cambio. Con los Vanatru, hay diferentes formas de invocar a ciertos dioses y diosas en los rituales, y se les hacen ofrendas.

### Rökkatru

Los seguidores de Rökkatru no ven los malos acontecimientos como consecuencias de fuerzas malignas, ni siquiera la muerte. Para ellos, el caos, la muerte y las partes destructivas aleatorias de la naturaleza son necesarias para mantener el equilibrio del universo. Tampoco creen en la división de las deidades en "buenas" y "malas". Todos los dioses y diosas son dignos de honor y deben celebrarse por igual.

### Ásatrú

Es la rama más extendida del paganismo nórdico moderno. El término Ásatrú puede traducirse como *'fiel a los dioses æsir'*, lo que indica que las creencias que siguen se centran en las deidades æsir. Adoran a deidades como Odín, Thor y Balder. A diferencia de la antigüedad, cuando los sacrificios de animales eran ofrendas habituales, hoy en día los devotos suelen beber hidromiel u otras bebidas como homenaje a los dioses o compartir una comida con ellos. Los practicantes del Ásatrú abrazan la naturaleza y valoran la vida, y se encuentran en un viaje constante en busca de la armonía.

# Capítulo 3: La religión Ásatrú

Ásatrú se pronuncia "Ása-Trú", que significa *"ser fiel a los Aesir"*. Deriva de la antigua palabra nórdica *"oss"*, que es el singular de Aesir, y de la palabra "*trú*", que se traduce como fe. Aunque las antiguas creencias nórdicas influyeron en la religión, el término "Ásatrú" se considera moderno y no empezó a utilizarse hasta el siglo XIX.

El Ásatrú es una creencia neopagana que reconstruye y revisa la antigua religión nórdica. Es una creencia politeísta que implica el culto a más de una deidad, y sus seguidores se denominan paganos o Ásatrúar (en singular y plural). Sin embargo, prefieren no utilizar el término "neopaganos", ya que su religión comparte muchas similitudes con el "Viejo Camino" nórdico. Muchas creencias neopaganas se basan en tradiciones nuevas y antiguas, a diferencia de Ásatrú, que se centra únicamente en tradiciones antiguas inspiradas en registros antiguos que han sobrevivido.

Aunque existen muchas deidades en el panteón Ásatrú, se centra principalmente en Odín, Thor, Loki, Heimdal, Balder, Frig, Freyja, Tyr y Freyr. La religión también implica la adoración de gigantes y antepasados, los espíritus de individuos honorables y valientes que tuvieron un impacto en el pueblo y la sociedad mientras vivían.

Este capítulo se sumergirá en el mundo de la religión Ásatrú y abarcará su historia, creencias, prácticas, símbolos y festivales estacionales.

# La historia del Ásatrú

Sveinbjörn Beinteinsson, sumo sacerdote Ásatrú [13]

Antes de que el cristianismo llegara a Europa, la mayor parte del continente seguía diferentes religiones paganas. Islandia conoció el Ásatrú después de que muchos de los practicantes de esta religión se trasladaran al país en la década de 900. Se extendió rápidamente y se convirtió en una de las principales religiones del país. Sin embargo, las cosas cambiaron en el año 1000 después de que el cristianismo erradicara todas las creencias paganas, incluido el Ásatrú, y se convirtiera en la religión oficial del país. Aún quedaban personas que se aferraban a sus antiguas creencias y que practicaban el Ásatrú en secreto.

La religión pagana se desvaneció en la oscuridad hasta 1973, cuando Sveinbjörn Beinteinsson, un granjero que más tarde se convertiría en sumo sacerdote de Ásatrú, decidió recuperarla. Un día de 1972, Beinteinsson se reunió con tres de sus amigos Þorsteinn Guðjónsson, Dagur Þorleifsson y Jörmundur Ingi Hansen, que más tarde se convertirían en figuras influyentes del Ásatrú, en un café de Reikiavik, la capital de Islandia. Tras una interesante conversación, los cuatro hombres acordaron revivir la antigua creencia pagana. El ambiente cultural de la Islandia de la época, el movimiento nacionalista y el interés por las creencias espirituales les hicieron darse cuenta de que el pueblo islandés estaba preparado para reencontrarse con la religión de sus antepasados.

Sveinbjörn Beinteinsson sentía que el Ásatrú estaba específicamente conectado con Islandia, ya que estaba influenciado por las fuerzas ocultas de la tierra. También creía que la gente quería una religión que reflejara su identidad y lo más probable es que se unieran en torno a una creencia antigua más que a religiones importadas como el cristianismo. La gente también empezaba a notar el impacto negativo del movimiento industrial y su lado feo y quería volver a la naturaleza. Beinteinsson descubrió que estos elementos también creaban la oportunidad perfecta para traer de vuelta el Ásatrú.

Sveinbjörn Beinteinsson y Þorsteinn Guðjónsson emprendieron su viaje para resucitarla y difundir sus creencias. Querían conseguir el reconocimiento del Ásatrú como una de las religiones oficiales del país. En diciembre de 1972, se reunieron con Ólafur Jóhannesson, ministro de asuntos eclesiásticos y justicia del país. Cuando los hombres le presentaron su idea, el ministro pensó que estaban gastando una broma o bromeando y no les tomó en serio. Sin embargo, le explicaron que iban en serio y que querían dar este paso inmediatamente, por lo que el ministro les pidió que le llevaran toda la documentación necesaria.

Curiosamente, después de que los hombres abandonaran el despacho del ministro, una tormenta eléctrica azotó Reikiavik, provocando que se fuera la luz en varias zonas de la ciudad. La prensa de la época bromeó diciendo que Thor estaba expresando su enfado, ya que no estaba satisfecho con la reacción del ministro ante Beinteinsson y Guðjónsson.

Cuando el Ásatrú comenzó a ganar reconocimiento entre la población de Islandia, se enfrentó a la oposición de varios líderes cristianos y, más concretamente, de Sigurbjörn Einarsson, el obispo de Islandia. Expresó su desaprobación en un periódico islandés y explicó que, aunque su constitución permitía a la gente crear instituciones religiosas, éstas debían ser monoteístas y servir sólo a un Dios. También les atacó por no tener una casa de culto, lo que es poco ortodoxo para cualquier creencia religiosa, y criticó sus vagas enseñanzas.

El obispo quería alejar aún más a la gente de Ásatrú, así que relacionó sus principales creencias con las de la Alemania nazi y les acusó de tener las mismas ideologías. También puso en duda el trasfondo moral de Ásatrú. Añadió que, dado que sólo contaba con veintiún seguidores, no necesitaba ser reconocida como organización religiosa. La prensa se hizo eco de los sentimientos del sacerdote y declaró que el cristianismo era la única religión islandesa y que no necesitaban otra fe.

Los miembros del Ásatrú defendieron su religión contra estos ataques y lucharon aún más para que fuera reconocida. Sus esfuerzos no fueron en vano y, en 1973, el gobierno finalmente la aceptó como religión oficial islandesa. Esto les dio derecho a celebrar diversas ceremonias, incluidos los matrimonios. Después de que Islandia, Dinamarca y Noruega reconocieran el Ásatrú como religión oficial, llegó al Reino Unido y a Estados Unidos.

Se extendió por todo el país hasta convertirse en la religión más común y de más rápido crecimiento de Islandia. Sin embargo, sus sacerdotes no sentían la necesidad de acercarse a la gente y convencerla de que se uniera a su fe. Creían que sus ceremonias y enseñanzas religiosas bastarían para atraer a la gente al Ásatrú.

## Principales creencias Ásatrú

Lo que hace única a cualquier religión son sus creencias principales. Aunque la antigua mitología nórdica glorificaba las guerras y convertía en héroes a sus soldados, las creencias de Ásatrú son diferentes. Promueve la paz y la tolerancia y aconseja a sus seguidores que eviten el derramamiento de sangre y las luchas. La religión también se centra en encontrar la armonía y estar conectado con la naturaleza. A diferencia del cristianismo, el judaísmo y otras religiones, Ásatrú no tiene un conjunto de principios o escrituras que la gente deba seguir.

Otro aspecto que les diferencia es cómo veían a sus dioses y diosas. No los tratan como seres perfectos. De hecho, todos son imperfectos y tienen debilidades y cualidades humanas. Pueden enamorarse, sentir odio, enfadarse, entristecerse, sentir celos, etc. Los practicantes de Ásatrú no rezan a sus dioses y diosas y los ven más como amigos que como superiores. Sin embargo, creen que desempeñan un papel importante en su vida cotidiana.

Aunque el Ásatrú no tiene escrituras religiosas, está muy influenciado por la Edda prosaica de Snorri Sturluson. De hecho, muchas de sus creencias se inspiran en los numerosos mitos antiguos de estos textos.

Suele haber un sumo sacerdote que dirige la organización Ásatrú y al que se denomina Allsherjargoði, y otros diez sacerdotes menores supervisan las congregaciones de todo el país. El goði de kjalarnesþing es el segundo cargo de mayor rango en la jerarquía Ásatrú, y tiene potestad para celebrar blót, funerales, matrimonios y otras ceremonias religiosas.

## Las Nueve Nobles Virtudes del Ásatrú

Aunque Ásatrú no sigue un conjunto de reglas, sus fieles se rigen por unas directrices específicas llamadas "Las Nueve Nobles Virtudes". Son una colección de normas éticas y morales que todos los seguidores del Ásatrú deben cumplir para llevar una vida honorable. Estas virtudes se basan en la Edda Poética en Prosa, el poema Hávamál y varias sagas islandesas. Cada rama del Ásatrú tiene su propia interpretación de las nueve virtudes, pero sus fundamentos y su significado universal son los mismos.

### Perseverancia

La perseverancia es la virtud de los fuertes. No importan los obstáculos a los que uno se enfrente, nunca debe rendirse y debe seguir adelante. Sin embargo, esta cualidad no sólo implica levantarse cada vez que uno se enfrenta a una derrota, sino también aprender de las malas decisiones y los errores y convertirse en una versión mejor de uno mismo.

Vivir una vida normal o mediocre es fácil, pero el éxito requiere perseverancia y alcanzar todo su potencial. Nunca debe dejar que la vida le derribe, especialmente cuando sienta que todas las puertas están cerradas o que no hay esperanza. La perseverancia es creer que nada es imposible.

### Autosuficiencia

La autosuficiencia consiste en ser independiente y ocuparse de sus necesidades sin dejar de estar conectado con los dioses y las diosas. Aunque debe honrar a sus deidades con regularidad, no debe ignorar su propio bienestar y dedicar tiempo a nutrir su corazón, mente, cuerpo y alma. Los practicantes del Ásatrú establecen este equilibrio ayudando a los demás y realizando buenas acciones sin sacrificar sus propias necesidades. En Ásatrú, una comunidad sólo puede prosperar y florecer si los individuos tienen espacio para crecer y convertirse en mejores personas.

### Laboriosidad

La laboriosidad consiste en trabajar duro para hacer realidad sus sueños y lograr sus objetivos. Esto implica su trabajo y sus relaciones con las deidades, la comunidad y la familia. Piense en sus antepasados vikingos y en cómo vivían sus vidas. Estas personas eran guerreros y trabajadores que nunca aflojaban o no habrían sobrevivido. Su familia pasaría hambre si no salieran a buscar comida. Aunque usted no necesita realizar el mismo esfuerzo para sobrevivir, los practicantes de Ásatrú creen que uno siempre debe tener un objetivo por el que trabajar y mantener su mente y su cuerpo ocupados. Sin embargo, debe darse un respiro de vez en cuando, o se quemará y no seguirá adelante.

### Hospitalidad

La mayoría de la gente define la hospitalidad como acoger amablemente a la gente en su casa. Sin embargo, Ásatrú insta a sus seguidores a tratar también a los demás con amor y respeto, aunque no sean huéspedes. La comunidad es una parte importante de la fe, y uno debe aprender a coexistir pacíficamente con los demás. Se trata de un rasgo que adquirieron de sus antepasados, ya que la hospitalidad era algo más que ser educado y amable. De hecho, su supervivencia dependía de ello. Las comunidades debían acoger a los forasteros y a los viajeros que buscaban compañía, seguridad y cobijo. Según la tradición Ásatrú, si acoges a un forastero en tu casa y le sirves comida, debes mantenerlo a salvo mientras sea tu huésped. Esto se basó en versos del poema Hávamál.

### Honor

El honor implica tener una brújula moral y mantener una buena reputación. Esta virtud repercute en todos los aspectos de la vida de los seguidores del Ásatrú. Sirve como recordatorio de que, aunque tu cuerpo perezca, tu reputación, tus acciones, tus hechos, tus palabras y tu forma de tratar a los demás nunca serán olvidados.

### La verdad

Según el poema Hávamál, hay dos tipos de verdad: la verdad real y la verdad espiritual. Uno de sus versos advierte contra hacer un juramento a menos que uno planee cumplirlo, o se encontrará con un castigo severo. La verdad es una de las virtudes más significativas y poderosas. Le recuerda que debe ser honesto en lugar de complacer a la gente y decir lo que los demás quieren.

### Coraje

No se puede pensar en los vikingos sin que nos venga a la mente la palabra "valor". Esta virtud implica ser valiente física y moralmente, *pero no sólo en la batalla*. Uno debe tener el valor de defender lo que es correcto, incluso si todo el mundo está en su contra. De hecho, se necesitan agallas para vivir según estas nueve virtudes, especialmente en el mundo moderno. Sin embargo, uno siempre debe ser uno mismo y seguir su corazón y sus creencias, pase lo que pase.

### Fidelidad

La fidelidad no es sólo ser fiel a su pareja, sino también a las divinidades y a su comunidad. En el antiguo paganismo nórdico, un juramento era sagrado y romperlo se consideraba una deshonra. Si rompe su juramento a los dioses, a la familia, a los amigos o a su cónyuge, está defraudando a su comunidad y dando la espalda a sus principios.

### Disciplina

La disciplina tiene la fuerza de voluntad necesaria para llevar una vida honorable manteniendo estas virtudes. Hoy en día, con las muchas tentaciones a las que la gente se enfrenta regularmente, tener moral y aferrarse a ella requiere mucha disciplina. Puede elegir vivir su vida según estas virtudes o ignorarlas y seguir a las masas. Disciplina es ser leal a su moral y valiente frente a los retos diarios a los que se enfrenta en el mundo moderno.

Todas estas virtudes están conectadas entre sí; el incumplimiento de una de ellas repercutirá también en las demás.

## Prácticas Ásatrúes

La mayoría de las comunidades Ásatrú de Islandia se mantienen fieles al estilo de vida de sus antepasados vikingos. Desde la resurrección de la religión en 1973, sus diversas prácticas se han extendido por toda la nación.

### Ofertas

Una de las prácticas más populares en Ásatrú consiste en honrar a los antepasados. Los adoradores suelen acudir a lugares sagrados específicos, como un antiguo barco vikingo o un antiguo túmulo funerario, para presentar ofrendas a los espíritus de sus queridos difuntos.

### Invocación de divinidades

Un sacerdote masculino (Gode) o una sacerdotisa femenina (Godi) suelen dirigir esta ceremonia. Forman un círculo con otros fieles para crear un espacio sagrado que actúa como un portal a los cielos donde residen sus dioses y diosas. A continuación, invocan y veneran a una deidad específica y realizan ofrendas para apaciguarla. Suelen realizar esta ceremonia durante los cuatro festivales estacionales: equinoccio de otoño, solsticio de verano, solsticio de primavera y solsticio de invierno.

## Símbolos del Ásatrú

Muchos símbolos Ásatrú tienen su origen en las antiguas creencias paganas nórdicas que se remontan al año 2000 a. C.

### Mjölnir

Gracias a las películas de Marvel, mucha gente está familiarizada con Mjölnir. El poderoso y mágico martillo de Thor es uno de los símbolos nórdicos más antiguos. En la antigua creencia, los adoradores lo llevaban como colgante. Simboliza la comunidad, la protección, las bendiciones, la buena fortuna, el crecimiento y la fertilidad.

### Yggdrasil

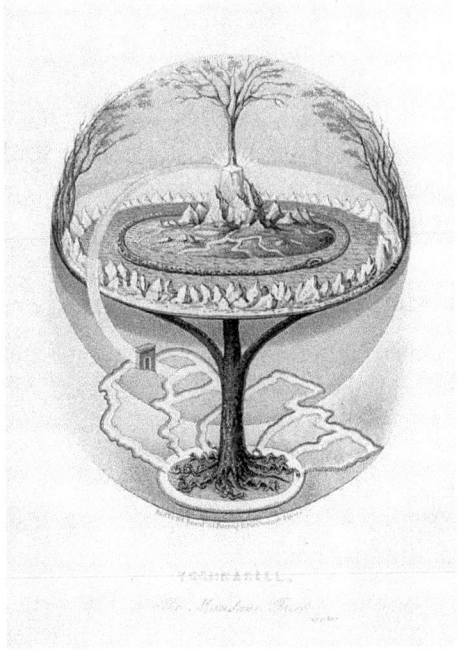

Yggdrasil representa el ciclo de la vida [18]

El Yggdrasil es uno de los símbolos más importantes de Ásatrú y de la mitología nórdica. Representa el ciclo de la vida y conecta a todos los seres vivos entre sí. El árbol se encuentra en el centro del universo y todos los reinos existen sobre sus raíces. La palabra "Yggdrasil" significa "caballo de Odín", ya que fue donde Odín lo ató. Según la mitología nórdica, Yggdrasil será destruido en el fin del mundo, lo que se conoce como Ragnarök.

**Triskelion**

Triskelion significa cuernos de Odín, y representan la inspiración poética y la sabiduría.

**Hugin y Munin**

Hugin y Munin eran los cuervos de Odín, que simbolizaban la memoria y el pensamiento. Después de cualquier batalla, los cuervos se alimentaban de los cadáveres, y trataban este acontecimiento como un festín. Esto es similar al festín de Odín con los espíritus de los héroes muertos en el Valhalla.

**Valknut**

Valknut significa "nudo de Odín" y representa el proceso de la vida y la muerte. También simboliza los espíritus de los héroes muertos que cayeron en batalla y entraron en el Valhalla.

**Aegishjalmur**

Aegishjalmur significa casco aterrador, y es el yelmo de Ægir, el dios del mar. Representa la protección y el poder. Los soldados solían grabar imágenes de él en sus armas o armaduras, ya que podía aterrorizar al enemigo y facilitar su derrota.

## Festivales estacionales del Ásatrú

Los seguidores del Ásatrú tienen un festival para cada estación, y cada una tiene sus propias celebraciones.

### Yule/Solsticio de invierno (20 de diciembre)

Yule tiene lugar durante el invierno, deriva de la antigua palabra nórdica "Hjol", que significa "rueda". Durante esta festividad, la gente lo celebra haciendo banquetes, bailando e intercambiando regalos. Es una de las fiestas más sagradas y significativas, ya que simboliza el regreso de Balder, el dios de la belleza y la luz desde Hel, para aliviar las garras del gélido invierno. Es una época mágica en la que los dioses y diosas están cerca de la Tierra y los espíritus de los muertos pueden cruzar y vagar entre los vivos.

Aunque Yule comparte muchas similitudes con la Navidad, es anterior a la fiesta cristiana desde hace miles de años.

### Fiesta de otoño/Equinoccio de otoño (21 de septiembre)

Este festival tiene lugar a principios del otoño. La gente la celebra bailando, festejando y encendiendo hogueras. Simboliza la recolección de frutas y verduras y su almacenamiento para el invierno.

### Solsticio de verano (21 de junio)

Este festival tiene lugar el día más largo del año. La gente lo celebra cantando, bailando, pronunciando discursos, encendiendo hogueras y presentando ofrendas a Balder.

### Ostara/Equinoccio de primavera (21 de marzo)

Esta fiesta debe su nombre a Ostara, la diosa de la primavera. Es un momento para celebrar la fertilidad y el crecimiento de la Tierra. La gente lo celebra decorando sus casas y pintando huevos. Ostara influye mucho en la fiesta cristiana de Pascua, que se celebra con las mismas tradiciones.

El Ásatrú es una religión fascinante con una rica historia y diversas creencias y prácticas. En su mayor parte, se ha mantenido fiel a la Antigua Tradición Nórdica. Ásatrú sigue utilizando los mismos símbolos de la antigua religión, sigue un núcleo de creencias similar y celebra los mismos festivales estacionales.

# Capítulo 4: El alma y el más allá

La muerte siempre ha sido el mayor misterio de la vida. Aunque la gente sabe que va a morir, no sabe dónde irá a parar su alma ni qué ocurre en la otra vida. Desde el principio de los tiempos, la humanidad ha intentado responder a la pregunta: "¿Qué ocurre después de morir?". La antigua mitología nórdica ideó su propia interpretación del alma y de la vida después de la muerte para convertir la muerte en algo que la gente pudiera esperar en lugar de temer.

Este capítulo analiza el concepto del alma y la vida después de la muerte y su importancia en la religión nórdica.

## La vida después de la muerte en la religión nórdica

La muerte y la vida después de la muerte son algunos de los conceptos más significativos de la mitología nórdica. Sin embargo, existen muchos malentendidos sobre estos temas gracias a las representaciones inexactas que los medios de comunicación hacen de los vikingos. Por ejemplo, mucha gente cree que el Valhalla es similar a la idea del cielo de muchas religiones. Sin embargo, es muy diferente de eso.

La mayoría de las religiones se centran en la vida después de la muerte y aconsejan a sus seguidores que lleven una vida honesta y decente para poder pasar la eternidad en el cielo. Sin embargo, la religión nórdica se centra más en las experiencias vitales y el disfrute en lugar de preocuparse por dónde acabará una persona después de morir. En otras palabras, las acciones de las personas sólo están relacionadas con su bienestar y sensación de plenitud y no tienen ningún impacto en el lugar al que irá su alma. Esto queda claro en las nueve virtudes que sólo se centran en mejorar al individuo y a la comunidad. No se menciona que seguir esas nueve virtudes permita a la gente entrar en el Valhalla. Los nórdicos creían que a toda persona se le concede una vida después de la muerte en algún momento, por lo que no hay necesidad de preocuparse por ello.

Valhalla, la sala de los muertos [14]

La muerte no se ve como el final, sino como una continuación de la propia vida en un reino y un estado del ser diferentes. El alma abandona el cuerpo y se dirige al mundo de los muertos para continuar su existencia. Sin embargo, permanece conectada al mundo de los mortales, razón por la cual los vivos y los espíritus de los antepasados pueden comunicarse entre sí.

Los espíritus no acaban todos en el mismo lugar. Hay más de una vida después de la muerte y existen factores que determinan dónde pasará la eternidad cada espíritu.

### Valhalla

Si alguna vez ha visto una película o un programa de televisión vikingos, probablemente habrá oído la palabra Valhalla. Significa "*salón de los muertos*", y es el lugar donde las valquirias se llevan las almas de los héroes caídos después de morir. Las Valquirias se parecen a las que aparecen en las películas de Marvel. Son un grupo de mujeres guerreras que cabalgan sobre jabalíes, lobos o caballos, sosteniendo una lanza para determinar el destino de los guerreros que caen en batalla.

El Grímnismál, uno de los poemas de la Edda Poética, describe el Valhalla como un lugar de oro brillante con un techo hecho de escudos y vigas de lanzas. Los muertos se sientan en sillas cubiertas con corazas alrededor de enormes mesas de banquete que sirven un suministro interminable de comida y bebidas como carne e hidromiel. Pasan todo el día entrenándose, luchando unos contra otros y, por la noche, todas sus cicatrices y heridas sanan y comen deliciosos manjares rodeados de hermosas valquirias.

Según la mitología nórdica, *Fenrir*, el hijo de Loki, es un lobo monstruoso tan enorme y feroz que los dioses tuvieron que encadenarlo. Durante el Ragnarök (el fin del mundo en la mitología nórdica), Fenrir se liberaría y sembraría el caos en los nueve reinos, se enfrentaría a Odín y luego lo mataría. Por esta razón, los dioses recogen las almas de los guerreros muertos y las entrenan para luchar contra Fenrir.

El Valhalla es diferente del concepto de cielo al que la mayoría de la gente está acostumbrada, ya que no representa la vida después de la muerte ideal. Sin embargo, para un guerrero vikingo, nada es mejor que pasar sus días luchando y festejando. Aun así, Odín no creó el Valhalla como recompensa para los guerreros. Fue por razones egoístas, ya que era consciente del Ragnarök y quería preparar un ejército que le protegiera cuando llegara el momento.

Los guerreros no pasarán la eternidad en el Valhalla. Todos están destinados a morir de nuevo con todos los demás dioses durante el Ragnarök. Entonces, perecerán para siempre.

**Fólkvangr**

Fólkvangr significa campo de los ejércitos o campo del pueblo, y es el reino de Freyja, la diosa de la guerra y la muerte. Las almas de los guerreros caídos se dividen entre Odín y Freya, la mitad va al Valhalla y la otra a Fólkvangr. En el Grímnismál no se menciona qué factores determinan quién acaba en el Valhalla y quién en el Fólkvangr.

Tampoco hay ninguna descripción de Fólkvangr ni de cómo pasan allí sus días los espíritus. Sólo se menciona lo justa y grandiosa que es. Sin embargo, cabe esperar que sea un lugar agradable para pasar la otra vida, ya que Freyja es una diosa bondadosa y dadivosa, por lo que lo más probable es que su reino refleje su personalidad amorosa.

## Hel

Hel o Helheim es un reino llamado así por su reina, Hel, la diosa de la muerte. La palabra "Hel" significa oculto, y refleja cómo los muertos y su reino están escondidos en las profundidades del subsuelo. Es un lugar brumoso, frío, oscuro y húmedo con un perro que custodia sus puertas. La Edda Poética afirma que la diosa es hija de Loki y hermana de Fenrir. Formar parte de una de las familias más peligrosas de la mitología nórdica se refleja en su personalidad. Es una diosa dura, cruel y codiciosa y no le importan ni los muertos ni los vivos.

Las personas que mueren de enfermedades, vejez o accidentes acaban en su reino. Sin embargo, la Edda prosaica insinúa que los que mueren por otras causas también pueden acabar allí. Cuando Balder, el dios de la luz, fue asesinado a manos de su hermano, fue a parar a Hel. Sin embargo, se podría argumentar que podría considerarse un accidente, ya que su hermano no lo mató a propósito (Loki lo engañó).

A diferencia de lo que sugieren el nombre y la personalidad de la diosa, Hel no es un lugar malo, y los espíritus no son torturados ni castigados. De hecho, los trata muy bien. Cuando Balder murió, la diosa le dio la bienvenida cubriendo el suelo de oro. Sin embargo, Hel no se asemeja al concepto de cielo, ya que no es ni un lugar agradable ni malo. Es simplemente un reino para que los muertos pasen sus días hasta el Ragnarök. Comerían, beberían, dormirían y vivirían igual que cuando estaban vivos.

Algunos eruditos creen que Snorri fue el único que retrató Hel negativamente, ya que la mayor parte de la literatura nórdica la describía como un lugar bastante agradable. También creen que se contradijo cuando mencionó que Balder fue a Hel, ya que no se menciona que las personas que fueron asesinadas acabaran allí.

De toda esta información se puede deducir que Hel es realmente un buen lugar donde los muertos tienen todo lo que desean.

## El reino de Rán

Este reino se encuentra bajo el mar y es el más allá para los que mueren ahogados. La diosa del mar, Rán, lo gobierna y, cuando los marineros se ahogan, se lleva sus almas a su mundo. Aunque se encuentra bajo el mar, su reino suele estar iluminado por todos los tesoros que se lleva de los barcos hundidos. Se cree que Rán trata bien a los espíritus y cuida de ellos.

## Helgafell

Helgafell es una montaña sagrada donde algunos espíritus pasan su vida después de la muerte. Es similar a Hel, donde los muertos llevan una vida normal con sus familias y seres queridos. Algunas personas tienen el poder de ver dentro de Helgafell, y lo describen como un lugar alegre que se siente como en casa.

## El túmulo

El túmulo no es un reino, sino la tumba donde se entierra a una persona. A veces, el alma permanece en las tumbas y pasa allí la otra vida. El alma es libre de habitar en paz o de acechar la ciudad y asustar a la gente.

No se menciona que las acciones de una persona influyan en dónde pasará su vida después de la muerte. El único factor determinante es cómo murieron. Los conceptos de salvación o condenación interna no existen en las religiones nórdicas. Sólo hay una mención en la literatura nórdica de un lugar parecido al "Infierno", llamado Nastrond, pero las ideologías cristianas influyen principalmente en la creencia en este escenario.

Los dioses no juzgan a una persona en función de sus hechos o acciones, ni tienen poder para interferir en el destino de las almas. Por ejemplo, Odín no podía llevarse el alma de una persona que muriera ahogada, y Rán no podía llevarse la de una que muriera en batalla.

## El yo en la religión nórdica

El yo está formado por el alma, la mente y el cuerpo. En pocas palabras, son los componentes que hacen al ser humano; sin uno de ellos, la persona perecerá. En la mitología nórdica, el concepto del yo es más complejo. Consta de otras partes que pueden separarse unas de otras. Algunos de estos componentes pueden seguir viviendo cuando una persona muere e incluso reencarnarse.

El yo y sus componentes en la religión nórdica difieren del concepto de alma en el cristianismo, que se considera una parte única del yo. Nunca se separa de la persona excepto en la muerte. De hecho, la palabra alma o "sal" en la lengua nórdica no existía en la religión antigua y sólo surgió tras la llegada del cristianismo.

Comprender el yo y sus componentes le dará una mejor idea de cómo comprendían los nórdicos la idea del alma.

## El Hamr

La palabra "*hamr*" se pronuncia como "hammer", que significa piel o forma. Representa el aspecto físico de la persona y es la parte visible y sólida del yo. El cuerpo siempre se ha entendido como un aspecto fijo que nunca puede alterarse. Sin embargo, en la religión nórdica, la forma física puede cambiar. Su hamr puede cambiar tras la muerte, o la mente puede manipularlo. Algunas personas también pueden alterar su aspecto físico realizando ciertos hechizos. La mitología nórdica menciona guerreros que se transformaban en lobos u osos.

La palabra "*hamr*" se utilizaba en el contexto de la descripción del cambiaformas. Por ejemplo, "*hamhleypa*" es la palabra nórdica para un cambiaformas, y skipta hömum (hömum es el sustantivo de hamr) se traduce como "cambiar de forma". El hamr no acompaña a la persona a la otra vida.

## El Hugr

La palabra "*hugr*" significa el pensamiento o la mente, y es la primera parte invisible del yo. También puede referirse a su voluntad, emociones, conciencia y personalidad y está estrechamente asociada al concepto de yo interior. Representa sus deseos, intuición, pensamientos y presencia. Su hugr representa cómo hace sentir a la gente en su compañía.

Algunas personas poseen fuertes hugrs y pueden utilizar esta capacidad para impactar a otros a distancia utilizando sólo sus pensamientos. A veces, su hugr puede salir de su cuerpo y entrar en el de otra persona. Por ejemplo, si envidia a alguien y piensa negativamente en él, puede enfermarle. Su hugr o sus pensamientos viajan a la persona en la que está pensando e impactan en su salud y en su cuerpo. Una persona puede hacer esto inconscientemente sin intención de dañar a nadie.

El hugr no permanece en el cuerpo tras la muerte y suele acompañar al alma al más allá.

## El Fylgja

Mire cualquier ilustración antigua de brujas. Normalmente las encontrará con compañeros animales o pájaros como cuervos o gatos. Este tipo de espíritu se conoce como fylgjur (plural de Fylgja), una palabra nórdica pronunciada como "Filg-yur". Fylgja, pronunciado "Filg-ya", significa perseguir, guiar, conducir, seguir, pertenecer, estar al lado o ayudar, y su sustantivo significa un "espíritu acompañante".

Estos espíritus suelen adoptar la forma de un animal; en algunos casos raros, pueden ser humanos. Sin embargo, no todo el mundo puede verlos. Deben tener habilidades específicas como el don de la segunda vista. También se puede ver a estos espíritus en sueños o mientras se muere, incluso sin ninguna habilidad especial

El momento antes de que alguien muera, puede ver a su fylgja muerto. Esto indica que usted y su fylgja están conectados; cuando usted enferma, ella enferma, y cuando usted muere, ella muere, y viceversa. Aunque la fylgja puede separarse del yo, comparte el mismo destino que su dueño.

La fylgja comparte muchos otros aspectos con su dueño. Por ejemplo, una persona glotona puede tener una fylgja de cerdo, una persona violenta puede tener una fylgja de lobo, una persona tímida puede tener una fylgja de ciervo y una persona noble puede tener una fylgja de oso.

Aunque el fylgja debe seguir a su dueño, muchas historias han mencionado cómo llega al destino previsto antes que la persona. Su fylgja también puede ver y oír cosas que usted no puede y utiliza esta habilidad para protegerle de cualquier daño.

### El Hamingja

El último aspecto del yo es la *hamingja*, pronunciada: "hahm-ing-ya". Representa la suerte de una persona, pero en la mitología nórdica, el concepto de suerte es diferente. Se considera una característica como la inteligencia o la fuerza heredada de su familia, y tiene un gran impacto en su vida y su futuro. Por ejemplo, puede hacerle rico o exitoso, y también puede actuar como un espíritu protector.

Aunque forma parte del yo, se considera una entidad separada que a veces puede separarse de la persona. Por ejemplo, cuando una persona muere, su hamingja no permanece con ella en la otra vida. Puede reencarnarse en uno de los descendientes de la persona, especialmente si se llama como su dueño. La literatura nórdica también cuenta historias en las que una hamingja elige a un miembro de la familia y se une a él. En otras ocasiones, una persona puede elegir antes o después de morir quién puede llevarse su hamingja. También puede prestar su hamingja a otras personas si sufren de mala fortuna y quieren cambiar su suerte.

La hamingja suele adoptar la forma de una mujer enorme y fuerte parecida a la Valquiria.

# Técnica de meditación

Meditar requiere que profundice en su interior y trascienda su forma física para eliminar las fronteras entre usted y su alma.

**Instrucciones:**
1. Encuentre un lugar tranquilo y apacible sin distracciones.
2. Ponga un temporizador durante 15 minutos.
3. Siéntese en el suelo con las piernas cruzadas y las manos sobre el regazo, como la posición de loto que adoptan muchas personas cuando hacen yoga. Si le resulta incómoda, elija otra postura, pero debe estar en el suelo, no en una silla, sofá o cama.
4. Cierre los ojos y respire profundamente unas cuantas veces para despejar la mente. Puede reproducir ritmos binaurales para ayudarle a relajarse.
5. Concéntrese únicamente en el sonido de los latidos y no deje que su mente divague ni que sus pensamientos le distraigan.
6. Céntrese en su interior y desplace su conciencia de su cuerpo y del mundo que le rodea a su alma.
7. Permanezca concentrado en cada latido. Si aparecen distracciones o pensamientos, vuelva a centrarse rápidamente en los ritmos binaurales. Siga haciéndolo hasta que esté completamente relajado y su mente en calma.
8. Ahora debería ser completamente inconsciente del tiempo y del espacio. Ahora es uno con el ser y está conectado a él en un nivel superior.
9. Permanezca en este estado hasta que pasen los 15 minutos, después abra lentamente los ojos.

La religión nórdica es única y se distingue de otras creencias. A diferencia de muchas mitologías antiguas, sus deidades no tienen poder sobre dónde acaba el alma en la otra vida. Su visión del alma también es diferente, pues consta de varios componentes que pueden ser cada uno una entidad independiente. Aunque muchas culturas antiguas de la época creían en el juicio y otorgaban a sus deidades poder sobre cómo y dónde pasaban la vida después de la muerte, los nórdicos tenían una percepción diferente. Como resultado, a día de hoy, sigue siendo una de las religiones más fascinantes del mundo.

# Capítulo 5: Fylgja: Encontrar a su guardián

En una tierra de hace mucho tiempo, un joven esperaba con impaciencia la gran fiesta del año. Cada día, contaba las horas y anticipaba los festejos venideros. Poco sabía, sin embargo, que una malvada bruja estaba tramando su desaparición esa misma noche.

Afortunadamente, la fylgja del hombre era consciente del peligro. Intentó advertirle a través de sueños vívidos durante cinco noches, pero él permaneció ajeno a sus mensajes. A medida que se acercaba el acontecimiento, seguía sin darse cuenta de las señales que su fylgja le enviaba.

Con el tiempo agotándose, la fylgja tomó cartas en el asunto. Enfermó al joven, impidiéndole asistir a la fiesta y salvándole la vida sin saberlo.

Tal es el poder del fylgja - un espíritu guardián que hará lo que sea para proteger a los que están bajo su cuidado. Lamentablemente, muchos desconocen su existencia y se pierden los mensajes diarios que envían. Sin embargo, descubrir y establecer un vínculo con su fylgja puede transformar su vida de formas que van más allá de su imaginación.

Descubrir y establecer un vínculo con su fylgja puede tener un profundo impacto en su vida, pero el viaje para conectar con su espíritu guardián puede ser todo un reto. Afortunadamente, este capítulo ofrece técnicas prácticas para ayudarle a establecer una relación con su espíritu guía.

La meditación puede ayudarle a conectar con su fylgja [15]

A través de la meditación, la visualización y otros métodos, puede aprender a reconocer a su fylgja y a comunicarse con él. Afinando su intuición y abriéndose a los mensajes que le envía, puede aprovechar la sabiduría y la guía de su espíritu guardián.

Tanto si busca protección, claridad o simplemente una conexión más profunda con el reino espiritual, las técnicas presentadas en este capítulo pueden ayudarle a forjar un vínculo con su fylgja y desbloquear todo su potencial.

## Técnica de meditación

Herramientas:

- Salvia blanca
- Bolígrafo y papel

Instrucciones:

1. Antes de empezar, establezca la intención de que está realizando esta técnica de meditación para conectar con su guía espiritual. Puede decir algo como: *"Voy a hacer un viaje al mundo espiritual para conectar con mi guardián"*.
2. Prepare un espacio sagrado para la meditación. Límpielo quemando salvia blanca y deje que el humo lo purifique.
3. Muévase por la habitación e invoque las cuatro direcciones (norte, sur, este y oeste).

4. A continuación, honre a los cuatro elementos, Tierra, Agua, Aire y Fuego, y honre también al Espíritu.
5. Diga: *"Invoco la energía de la Tierra para que me mantenga enraizada mientras me dirijo a los reinos invisibles y conecto con mi guía espiritual".*
6. *"Invoco la energía del Agua, rezando para que sus corrientes fluyan con facilidad y abran el camino que me llevará hasta mi guía espiritual".*
7. *"Invoco la energía del Aire para que traiga la luz y me conceda el don de la claridad para que pueda confiar en mi intuición mientras viajo al encuentro de mi guía espiritual".*
8. *"Invoco la energía del Fuego para que ilumine mi camino en los reinos invisibles mientras conecto con mi guía espiritual".*
9. *"Invoco la energía del Espíritu, a la Abuela Luna, al Abuelo Sol, a mis queridos antepasados y a todos los demás espíritus serviciales que puedan oírme. Protéjanme y manténganme a salvo mientras me dirijo a los reinos invisibles y conecto con mi guía espiritual".*
10. Escriba en el trozo de papel todas las preguntas que quiera hacer a su guía espiritual.
11. Ahora, prepárese para la meditación.
12. Siéntese en el espacio sagrado en posición de loto.
13. Inspire y espire lenta y profundamente durante uno o dos minutos, y sienta cómo su cuerpo se relaja con cada respiración.
14. Despeje su mente y concéntrese únicamente en el momento presente.
15. Repita su intención de nuevo en voz baja.
16. Cierre los ojos y visualícese de pie en medio de un gran bosque con bellos paisajes a su alrededor. Admire su entorno.
17. Mire donde mire, verá flores de colores y altos árboles verdes.
18. Un camino delante de usted le llevará hasta su guía espiritual.
19. Usted camina hacia ella.
20. Siente el aire en el pelo y la cálida luz del sol en la piel.
21. Mientras camina por el sendero, siente que le invade una sensación de tranquilidad. Se siente alegre porque sabe quién le espera al otro lado.

22. Vea el viento que sopla entre los árboles y comprueba que ya casi ha llegado.
23. Usted siente la protección de los cuatro elementos.
24. Está impaciente por conocer por fin a su tutor y que le responda a todas sus preguntas.
25. Por fin ha llegado a su destino y ve una gran bola de luz blanca.
26. Usted se acerca y entra en ella.
27. Ahora, se encuentra ante su guía espiritual.
28. Mire más de cerca para ver la figura que tiene delante. Puede ser un pájaro, un animal o una bola de energía. Lo que aparezca delante de usted es su guardián.
29. Pregunte: *"¿Eres mi guía espiritual?"* y espere una respuesta.
30. Pregunte: *"¿Cómo te llamas?"*.
31. Sea cual sea el nombre que le den, utilícelo para dirigirse a ellos.
32. Ahora, su guía espiritual se lo dirá,
    a. *"Desde el día en que naciste, he estado a tu lado. Nunca estás sola; siempre estoy contigo, guiándote, ayudándote y protegiéndote".*
33. Se siente abrumado por las emociones al saber que no está solo y se siente conectado a ellas.
34. Camina hacia ellos y los abraza.
35. Ahora, les hará todas las preguntas que haya preparado antes de la meditación. No se contenga y pregunte todo lo que le venga a la mente. Su espíritu guía está ahí para ayudarle y hará todo lo que esté en su mano para darle las respuestas que busca.
36. Cuando haya terminado de hacer sus preguntas, dígales que se marcha, pero que volverán a encontrarse. Su guía espiritual le dirá: "Aunque no siempre puedas verme, camino constantemente a tu lado. Siempre que me necesites, llámame".
37. Deles otro abrazo y exprese su gratitud por toda su ayuda.
38. Vuelva al mismo camino saliendo por la bola de luz y caminando de vuelta por el mismo sendero.
39. Se siente satisfecho y en paz tras esta experiencia espiritual y con la certeza de que su guía espiritual siempre le mantendrá a salvo.

40. Cuando esté preparado para salir de la meditación, respire profundamente unas cuantas veces y abra los ojos.
41. Esté atento a las señales porque su guía espiritual le enviará mensajes a través de canciones, animales, símbolos, etc., así que mantenga los ojos y los oídos abiertos.

## Concéntrese en sus sueños

Preste atención a todo lo que ve en sus sueños porque su guardián puede revelarse ante usted o enviarle mensajes en el mundo de los sueños.

**Instrucciones:**

1. Cuando esté en la cama antes de dormirse, pida a su guardián que se le revele en sueños. Puede decir: "Guardián que siempre vela por mí y sirve a mis mejores intereses, por favor visítame en mis sueños esta noche. Estoy preparado para recibir tu sabiduría y agradecido por tu guía y apoyo constantes. Prometo recordar mi sueño cuando me despierte por la mañana".
2. Siga repitiendo la intención hasta que se duerma. Deje un cuaderno y un bolígrafo a su lado para poder anotar su sueño en cuanto se despierte.
3. A la mañana siguiente, anote todo lo que recuerde, incluso los detalles que considere irrelevantes o sin importancia.
4. Cuando haya terminado, lea todo lo que escribió y analice todos los signos y símbolos para averiguar quién es su guía espiritual y qué intenta comunicarle.

## Adivinación

La adivinación, también llamada mirada de cristal, es una práctica adivinatoria originaria de la antigua Persia. Consiste en mirar fijamente una bola de cristal, un espejo, agua o cualquier superficie reflectante para recibir las respuestas que busca.

**Herramientas:**

- Un cuenco con agua (preferiblemente un cuenco oscuro, ya que le facilitará la concentración)
- Una mesa
- Un cristal (preferiblemente cuarzo cristalino)
- Cerillas o un mechero

- 2 velas
- Salvia blanca

**Instrucciones:**
1. Elija un lugar para la adivinación. Puede hacerlo en el interior o en el exterior, pero tiene que estar oscuro. Si practica en el interior, apague la luz y cierre las cortinas. Si practica al aire libre, hágalo de noche.
2. Coloque el cuenco de agua sobre la mesa y deje caer el cristal en él.
3. Limpie su espacio utilizando salvia blanca.
4. Encienda las velas y colóquelas a ambos lados del cuenco. Las llamas deben reflejarse en la superficie del agua.
5. Entre en estado de trance meditando mientras se concentra en su respiración y escucha música suave.
6. Comience la adivinación cuando se sienta concentrado, relajado y en paz.
7. Siéntese cómodamente, mire el cuenco de agua y relaje los ojos.
8. Concéntrese en el cristal para evitar que sus ojos se desvíen.
9. Mantenga la calma y sea paciente. La adivinación no es fácil y puede llevar un tiempo dominarla.
10. Repítase a sí mismo la intención de encontrar a su guía espiritual.
11. Mantenga los ojos y la cara relajados.
12. Respire profundamente desde el estómago.
13. Empezará a ver imágenes que van y vienen, no se aferre a ellas, ya que esto sólo dificultará el proceso. Permita que ellas y las emociones que las acompañan vayan y vengan libremente.
14. Es normal que su mente divague, no la fuerce a volver. Sólo asegúrese de que sus ojos se centran en el cuenco de agua.
15. Puede empezar a ver una imagen, una palabra o una escena desarrollándose.
16. Cuando haya terminado, contemple lo que ha visto durante unos minutos.
17. Puede que no encuentre a su espíritu o guía animal de inmediato. La adivinación requiere tiempo y práctica, así que hágalo con la mayor frecuencia posible hasta que encuentre a su guardián.

18. Puede utilizar cualquier otra imagen reflectante como fuego, aceite, cera, nubes, humo, cristal o mirar a alguien a los ojos. Elija el método por el que se sienta más atraído.

## Cartas de oráculo de animales

Utilizar las cartas del oráculo de los animales es una forma rápida y segura de encontrar a su animal guardián.

**Instrucciones:**

1. Conecte con las cartas llevándolas consigo allá donde vaya durante unos días, o juegue con ellas cada vez que pueda. Introdúzcalas en su energía tocándolas y utilizándolas constantemente. Esto facilitará el trabajo con ellas y le proporcionará resultados precisos.
2. Establezca la intención de lo que espera que le revelen las cartas. Puede decir: *"Quiero que las cartas me revelen mi animal guardián".*
3. Respire lenta y profundamente unas cuantas veces y concéntrese en el momento presente y en su intención.
4. Baraje el mazo siete veces o más hasta que sienta que su energía se ha fusionado con la de las cartas.
5. Extienda las cartas boca abajo y coloque las manos sobre ellas.
6. Cuando se sienta atraído por una carta, levántela. Es la carta que le revelará su animal guardián.
7. Mire la tarjeta para identificar a su animal guardián.
8. Siéntese con ella durante unos minutos para intentar conectar con la carta y familiarizarse con su animal espiritual.
9. Anote en su diario cómo le hace sentir la tarjeta.

    También puede meditar sobre la carta.

**Instrucciones:**

1. Siéntese cómodamente en una habitación tranquila y sin distracciones.
2. Mantenga la carta en la mano.
3. Cierre los ojos y respire profundamente unas cuantas veces.
4. Sienta cómo su cuerpo se relaja con cada respiración.
5. Despeje su mente y esté presente en el momento.
6. Visualice la carta y piérdase en su imaginación.

7. Observe todos los detalles que vea en la visualización. Fíjese en todos los símbolos que vea, ya que su animal guardián puede enviarle mensajes a través de su meditación.
8. Intente comprender el mensaje que intentan transmitirle.
9. Cuando haya terminado, exprese su gratitud por lo que ha recibido de su guía espiritual.
10. Respire profundamente unas cuantas veces y abra lentamente los ojos.

## Bibliomancia

La bibliomancia es otra antigua técnica de adivinación que consiste en encontrar las respuestas que busca en un libro que le llama. Es uno de los métodos de adivinación más antiguos y muchas personas aún lo utilizan para encontrar a su guía espiritual.

**Instrucciones:**
1. Póngase delante de su colección de libros. Si no la tiene, acuda a una librería o a su biblioteca local.
2. Cierre los ojos y establezca la intención de que desea encontrar a su guía espiritual en uno de estos libros.
3. Mueva las manos sobre los libros y déjese guiar por su intuición; el libro le llamará.
4. Cuando sienta el impulso de coger un libro, hágalo.
5. Abra los ojos y, al azar, abra el libro y eche un vistazo rápido. Puede encontrar una palabra o un dibujo que le revele a su guardián.
6. También puede esperar unos minutos antes de abrir el libro a que le aparezca un número de página, abrirlo y leerlo.
7. Puede que la bibliomancia no funcione la primera vez que lo intente, sobre todo si no está conectado con su intuición. Siga practicando hasta que sienta que un libro le atrae.
8. A veces, su guía espiritual no le dará una señal clara y sólo le enviará una pista. Utilícela y siga buscando y explorando hasta que la descubra.

# Búsqueda de la visión

**Instrucciones:**
1. Después de despertarse por la mañana, realice una meditación sencilla.
2. Siéntese en una posición cómoda en una habitación tranquila.
3. Cierre los ojos y respire profundamente unas cuantas veces.
4. Pida a su animal espiritual que se muestre ante usted enviándole señales o pistas.
5. Mantenga los ojos abiertos para recibir mensajes a lo largo del día. Su animal guardián puede mostrarle símbolos que le revelen su identidad o simplemente darle pistas. Por ejemplo, si se trata de un pájaro, puede ver plumas por todas partes u oír piar a los pájaros.
6. Su animal guardián también puede mostrarle directamente quién es. Por ejemplo, si es un lobo, verá imágenes o vídeos de lobos por todas partes en Internet, en libros, en el arte callejero, o un amigo le mencionará el animal al azar o le comprará un colgante con forma de lobo.
7. Haga esta meditación cada mañana. Por la noche, escriba todas las señales que haya visto durante el día.
8. Si ve más de un animal, céntrese en el que más vea.
9. Recuerde, cuando su animal guardián decida revelarse ante usted, seguirá enviándole mensajes y señales hasta que por fin le haga caso.

## Naturaleza

Lo más probable es que su guía espiritual sea un animal o un ave, por lo que utilizará elementos naturales para revelarse ante usted. Incluso cuando descubra su fylgia, puede utilizar la naturaleza siempre que quiera conectar con ella o hacerle una pregunta.

**Instrucciones:**
1. Encuentre un lugar en la naturaleza como un lago, un arroyo o un parque.
2. Mire fijamente los árboles, las flores, el agua, las nubes, la luna, etc., e intente ver un rostro.

3. Si ve la cara de un animal que se le aparece mucho últimamente, podría ser su guía animal.

## Señales repetidas

El universo suele enviarle mensajes a través de signos repetitivos como símbolos, nombres o números. Sus guías espirituales también pueden enviarle mensajes o revelarse ante usted repitiendo el mismo signo repetidamente hasta que usted se dé cuenta.

Instrucciones:

1. Establezca una intención clara en voz alta o internamente, o diga una oración como

   *"Querido (mencione el nombre de la deidad nórdica de su elección o invoque a los espíritus de sus antepasados), le imploro que me ayude a encontrar a mi guía espiritual. Por favor, envíame señales, signos o símbolos todos los días. Gracias".*

2. Mantenga los ojos abiertos todos los días para detectar objetos, lugares, símbolos, nombres o números repetitivos e inusuales que se le aparezcan.

3. Escríbalas y, al cabo de una semana, reflexione sobre ellas e intente descifrar su significado.

## Libere sus preocupaciones a su guía espiritual

Si le cuesta tomar una decisión o busca una solución a un problema, libere sus preocupaciones a su guía espiritual.

Instrucciones:

1. Siéntese en un lugar tranquilo y aclare sus pensamientos.

2. Repita este mantra *"Estoy liberando (nombre el asunto) a mi guía espiritual para que me ayude a encontrar una solución".*

3. Esté atento a los mensajes o señales que le enviarán para ayudarle con su problema.

A veces, puede intentarlo todo, pero su fylgia no se revela ante usted. Esto no significa que se niegue a conectar con usted. Sólo quiere que siga buscando porque hay una lección para usted en este viaje. No se rinda. Con el tiempo, encontrará su filia. En otros casos, sus mensajes o símbolos pueden ser tan claros y sonoros que será imposible no verlos. Mantenga los ojos abiertos.

Una vez que encuentre a su guardián, busque su ayuda y orientación siempre que se enfrente a un problema. Comprenda sus mensajes y advertencias porque pueden salvarle la vida. Exprésseles constantemente su gratitud para mostrar su aprecio por toda su ayuda.

# Capítulo 6: La magia de Seidr

El seidr es una práctica espiritual y chamánica común en el paganismo nórdico y se ocupa principalmente del destino. Se utilizaba para descubrir los matices del destino y, si era necesario, cambiarlos sutilmente como quisiera el practicante. Según la tradición antigua, la práctica se utilizaba tanto para fines buenos como malos. Aunque los practicantes del Seidr eran conocidos por lanzar maldiciones a la gente, también lanzaban hechizos protectores y proporcionaban amuletos para la potenciación y la protección espiritual.

El seidr era practicado principalmente por mujeres[16]

Tradicionalmente asociado a la diosa Freyja, el Seidr era practicado principalmente por mujeres. Estas mujeres eran miembros muy respetados de sus comunidades, a diferencia de los practicantes masculinos, que a menudo eran ridiculizados y tachados de afeminados. El misterio asociado al Seidr era un rasgo femenino en las tradiciones y la cultura nórdicas. Por ello, se pensaba que los hombres que practicaban el Seidr rompían las normas de género. Incluso el poderoso dios Odín (del que se creía que era el practicante de Seidr más hábil entre las deidades) fue objeto de burlas por utilizar lo que se consideraban poderes femeninos. Sin embargo, muchos practicantes masculinos lo idolatraban debido a sus otras características masculinas.

Este capítulo explorará los conceptos del Seidr y la Völva y le ayudará a comprender los diferentes niveles de trance que puede alcanzar un chamán. A continuación, encontrará una guía paso a paso para realizar un viaje Seidr seguro.

**Antes de empezar**

Es necesario subrayar que el chamanismo nórdico, o cualquier otra práctica chamánica, es más segura para los principiantes cuando se practica con un guía experimentado. Si usted es un practicante solitario, debe adquirir experiencia en los métodos de trance y viaje antes de proceder a niveles superiores. Las prácticas chamánicas pueden perjudicar su bienestar mental si no está adecuadamente preparado o tiene problemas psicológicos. Cuando entre en trance, recibirá mensajes en forma de señales auditivas o visuales. Esto puede resultar abrumador incluso si no tiene problemas de salud mental. Puede llevarle algún tiempo acostumbrarse a los mensajes y aprender a descifrarlos. Si se siente abrumado o tiene síntomas como ansiedad grave y alucinaciones durante o después de su práctica, debe parar y buscar ayuda de un profesional de la salud mental. Del mismo modo, si ya está luchando con problemas de salud mental, no empiece a practicar Seidr (o cualquier otra forma de chamanismo) hasta que los haya abordado.

## ¿Qué es el chamanismo?

El chamanismo es una práctica espiritual que consiste en obtener conocimientos o poderes a través de un estado de trance. Las habilidades que se pueden obtener en este estado incluyen la adivinación, la sanación o la orientación para los vivos o los muertos.

El término "chamanismo" tiene su origen en la palabra manchú-tungo saman y puede traducirse como *"el que sabe"*. Los registros históricos sugieren que estaba muy extendido entre las antiguas tribus de África, el Ártico, Australia, Asia y América. El chamanismo era practicado típicamente por comunidades cazadoras y recolectoras.

Aunque no está claro cuándo las antiguas tribus germánicas adoptaron el chamanismo en sus prácticas, los mitos sugieren que no eran ajenos a él. Odín, el rey de los dioses germánicos, era un chamán muy conocido, y practicaba el Seidr después de aprender de la diosa Freyja. Algunas fuentes sugieren que el nombre de Odín puede traducirse como *"el maestro de la inspiración"* o *"el maestro del éxtasis"*. Sus viajes chamánicos están documentados en varios mitos, sagas y poemas, incluido un famoso poema éddico llamado "Los sueños de Balder". En él se describe a Odín viajando al inframundo tras la muerte de su hijo Balder. Utilizó el trance para montar en Sleipnir, su caballo de ocho patas, y cruzar la división entre los reinos. Allí, pidió consejo a una vidente muerta sobre cómo revivir a Balder.

Se cree que los dos cuervos de Odín, Hugin y Munin, eran compañeros espirituales familiares, lo que es típico de quienes practican el chamanismo. Un chamán debe morir y renacer para obtener el poder de entrar en trance, lo que Odín hizo durante su prueba en el Árbol de la Vida.

Según la leyenda, Odín encendió batallas entre tribus para recoger las almas de los guerreros más feroces. También se sugirió que algunos de los guerreros que seleccionó tenían la capacidad de practicar el Seidr u otra forma de chamanismo. Según la Saga de los Ynglings, algunos de los guerreros de Odín entraban en batalla como en trance. Actuaban como animales y no llevaban armadura. No se les podía hacer daño y ganaban batallas constantemente. Esto indica que llegaron a estar poseídos por los espíritus de los animales. Otras fuentes describen a estos guerreros cambiando de forma para convertirse en lobos y osos.

## ¿Qué es Seidr?

El seidr es una antigua forma de chamanismo nórdico. Además de los trances, también se basa en la magia para predecir el destino, identificar el propósito de uno en la vida y manipular el destino para crear los cambios deseados. Los practicantes hacían todo esto utilizando los trances y la magia para tejer simbólicamente los hilos del destino de forma que atrajeran las situaciones y acontecimientos deseados. Sus rituales y ceremonias solían comenzar con la entrada en trance, donde se comunicaban con el mundo de los espíritus y aprovechaban su sabiduría. Sus propósitos incluían lanzar maldiciones o bendiciones, traer empoderamiento y protección, o una profecía sobre acontecimientos futuros.

Los rituales Seidr también se utilizaban para la clarividencia, un método que permitía al practicante localizar objetos o pensamientos ocultos. También se utilizaba para atraer la abundancia y la buena suerte, asegurar una buena cosecha y cazar controlando el clima y conjurando a los animales. Cuando se utilizaba con fines malévolos, el Seidr se empleaba para inducir enfermedades, hacer estéril una tierra o impedir que un enemigo venciera en la batalla. En lugar de maldiciones, el practicante también podía decir a la gente falsas profecías para conducirles por el camino equivocado. Debido a estas falsas lecturas, los practicantes podían hacer que la gente hiriera y matara a sus adversarios, ya fuera en una batalla o en un simple desacuerdo. Aquellos que dominaban el arte de tejer o cambiar el destino eran conocidos como las Nornas. Se decía que eran los primeros y más competentes practicantes.

El dios Odín y la diosa Freya son dos importantes deidades vanir y æsir que dominaban el arte del Seidr. Como arquetipos divinos de los practicantes masculinos y femeninos, su dualidad desempeña un papel único en una práctica de género como el Seidr.

## ¿Qué es una völva?

Se creía que la diosa Freyja servía de modelo a Völva, una mujer practicante del Seidr. Según la tradición nórdica, Freyja fue la primera deidad que llevó la práctica del Seidr al reino de los dioses. Debido a sus poderes de sanación y a su capacidad para realizar magia y proporcionar guía espiritual, una Völva era un miembro muy respetado de su comunidad. Al ser ella misma una figura destacada, una Völva solía ser respetada y protegida por los líderes de su clan o tribu. A los practicantes masculinos de Seidr se les llamaba videntes, pero eran mucho más raros.

Una Völva vagaba por las ciudades y hacía magia a cambio de varias formas de compensación, incluido el alojamiento y la comida. Muchas sagas y poemas heroicos (entre los que destacan: La Saga de Erik el Rojo y La La visión del Völva, respectivamente) ofrecen descripciones detalladas de una Völva y sus prácticas.

Aunque se les trataba con respeto, a menudo se segregaba a los völvas de la sociedad. Esto tenía connotaciones tanto negativas como positivas. Por un lado, una völva era temida y a menudo estigmatizada porque podían lanzar poderosas maldiciones. También llevaban un estilo de vida nómada, lo que les diferenciaba de los demás. Sin embargo, también eran buscados y estimados porque la gente sabía lo mucho que podían ayudar a la comunidad. La figura de una Völva se compara a menudo con la Veleda, la profetisa germánica que era muy respetada entre su tribu.

Aunque hay pocas pruebas de que el seidr se practicara ampliamente entre los hombres, en la época vikinga se consideraba una actividad inapropiada para ellos. Tenían rígidas normas de género, asociando a los hombres con roles masculinos como la caza y la lucha en las batallas. Esto hacía que fuera vergonzoso para un hombre adoptar algunos aspectos de las prácticas femeninas. Los hombres que practicaban este arte eran tachados de poco viriles (el término común era *ergi*), un gran insulto en aquella época.

Una de las razones más notables para condenar al ostracismo a los practicantes masculinos de Seidr era el aspecto de tejido de la práctica, algo que sólo podían hacer las mujeres. A pesar de ello, algunos hombres seguían practicando el Seidr e incluso lo consideraban su ocupación.

## Las herramientas de Seidr

Una de las herramientas más indispensables del Seidr era el bastón chamánico. Aunque hay pocas pruebas de su función, se cree que el bastón de Sidr permitía al practicante centrarse en su intención. También tenía un efecto de enraizamiento porque al colocarlo en el suelo, proporcionaba una conexión con la naturaleza. Podía atraer el poder de la naturaleza y concentrarlo. El bastón también podía actuar como herramienta de transporte cuando la práctica incluía un viaje.

Los practicantes de seidr utilizan a menudo hierbas [17]

Otras herramientas empleadas por las Völvas y otros practicantes del Seidr eran los amuletos y las hierbas, que actuaban como agentes protectores durante la práctica. El trabajo chamánico implica a menudo conectar con los espíritus, pero no todos son útiles o bienintencionados. Los amuletos también podían utilizarse para la adivinación, junto con las runas. A menudo se representaba a las Völvas con un manto azul, que utilizaban para guiar las almas de los difuntos hacia Hel. La propia Freyja recogía algunas de las almas, y las Völvas tenían las mismas habilidades.

## Diferentes niveles de conciencia

Hay muchas formas de entrar en estados de trance, o "estados alterados de conciencia". Los chamanes y los grupos indígenas de todas las naciones creían que este estado era un puente entre el subconsciente y los reinos espirituales. Estar en este estado permite al practicante conectar más eficazmente con los espíritus y los seres divinos. Además de reunir sabiduría y conocimientos para utilizarlos en la vida, también les ayuda a elevar su espiritualidad.

Cuando entra en un estado de trance, no está ni dormido ni despierto. Estar en un estado alterado de conciencia requiere que viaje a través de diferentes niveles de conciencia.

**Los 5 niveles de conciencia:**

**Nivel 1: Trance muy ligero** - Requiere que sea más consciente de sus pensamientos, sentimientos y sensaciones físicas. Practicar la meditación consciente es una forma estupenda de alcanzar este estado.

**Nivel 2: Trance ligero** - Se trata de un nivel de conciencia similar al sueño que toda persona experimenta sin darse cuenta. Por ejemplo, cuando se encuentra perdido en sus pensamientos mientras ve una película, lee un libro o se olvida por completo de lo que está haciendo, está entrando en este estado.

**Nivel 3: Trance medio** - También conocido como estado de "flujo", el tercer nivel de conciencia es un poco más profundo que el anterior. En este estado de conciencia, se pierde la conciencia del tiempo, del entorno y de las sensaciones corporales.

**Nivel 4: Trance profundo** - La mayoría de la gente entra en este estado cuando se duerme o entra en hipnagogia, un estado de conciencia rápido y algo confuso que se produce justo antes de quedarse dormido. Se produce cuando su mente consciente se desconecta y cede el control al subconsciente. Este nivel de conciencia se caracteriza por imágenes mentales peculiares y a veces incluso alucinaciones.

**Nivel 5: Trance muy profundo** - Usted pierde completamente la consciencia durante esta etapa, y se describe como un sueño profundo y sin sueños. Durante el Seidr, los estados espirituales más eficaces se desbloquean durante los estados de trance ligero, medio o profundo.

## Un ritual de limpieza Seidr

Este sencillo ritual de limpieza puede incorporarse fácilmente a su rutina de preparación para un viaje chamánico. Utiliza madera de enebro (puede sustituirla por cualquier otra madera o hierba sagrada pagana). En la antigüedad, el enebro se utilizaba para prácticas chamánicas, limpieza, invocación de espíritus o comunicación ancestral. El objetivo es purificarse de las influencias negativas y tener un viaje exitoso. Además de limpiarse a sí mismo, también puede utilizar este ritual para purgar su hogar de energías tóxicas.

**Instrucciones:**

1. Reúna sus maderas o hierbas y átelas en un manojo para crear un palito de sahumerio. También puede comprar uno ya hecho. Abra las ventanas para que la negatividad abandone su presencia lo antes posible.

2. Haga un ejercicio rápido de meditación de enraizamiento utilizando su método preferido. Puede ser escuchar música de tambores, repetir un mantra, respirar o cualquier otra cosa que le ayude a centrarse.
3. Encienda su varita de sahumerio por un extremo y espere a que empiece a humear.
4. Comience a mover el palo alrededor del objeto, espacio o persona que desee limpiar. Si se trata de usted, envuélvase en una nube de humo. Si se trata de su espacio, camine en el sentido de las agujas del reloj, llevando el palo con usted. Deténgase y permanezca en las esquinas, ya que la negatividad tiende a acumularse en estos espacios.
5. Si va a utilizar alguna herramienta antes, durante o después del ritual Seidr, límpiela avivando humo sobre ella.
6. Cuando haya terminado, sumerja la varita en arena para apagarla. No sople sobre ella ni utilice agua, ya que podría ofender al espíritu con el que intenta conectar.

## Un ejercicio de viaje seidr seguro

Antes de iniciar su viaje, debe tener una mente abierta, una intención clara, un lugar tranquilo para trabajar y una imagen en su cabeza de un punto de entrada a otro mundo. También pueden resultarle útiles herramientas adicionales como una venda en los ojos, música, audio de tambores y un palo (para que actúe como bastón).

**Instrucciones:**

1. Busque un lugar tranquilo donde no le molesten. Si está dentro, apague los aparatos electrónicos y pida a quien esté cerca que le deje en paz.
2. Túmbese o siéntese y relaje su cuerpo y su mente. Utilice el suelo y no su cama. De lo contrario, puede quedarse dormido en lugar de entrar en trance.
3. Haga unas cuantas respiraciones profundas, manteniendo cada una al final de la inhalación durante 3 segundos. Después, exhale hasta que haya expulsado todo el aire de sus pulmones. Lo ideal es que cada ciclo de inhalación-exhalación dure más que el anterior. Utilice el diafragma para profundizar la respiración y hacer que dure más tiempo.

4. Si utiliza uno, póngase una venda en los ojos. Si no se siente cómodo utilizando una venda, puede trabajar en una habitación oscura y simplemente cerrar los ojos.
5. Declare su intención después de relajar la mente y ahuyentar todas las ideas inconexas. Asegúrese de que envía una señal clara de lo que quiere conseguir en este viaje. Al mismo tiempo, debe sonar más como un llamamiento respetuoso que como un objetivo que desea obtener a toda costa.
6. Ponga la música o el tambor y empiece a concentrarse en ello. Mientras lo hace, visualice el punto de entrada al mundo deseado y reitere en voz alta su intención un par de veces.
7. Una vez tenga la entrada delante, crúcela. Prepárese para prestar atención a su entorno utilizando todos sus sentidos. Puede que vea, oiga, huela o sienta cosas. No tema explorar los canales que se hayan abierto ante usted; podrían contener mensajes que desee explorar más a fondo.
8. Si experimenta algo negativo, puede elegir no prestarle atención. Si puede, vuelva sobre sus pasos o abra los ojos para abandonar ese mundo. El resto del viaje depende de su intención y propósito. Por ejemplo, si desea conectar con un espíritu ancestral o un guía espiritual animal, busque las señales de que le tienden la mano.
9. Si no está seguro de haberse encontrado con el espíritu adecuado, pregúnteselo. O bien, busque cuatro signos similares. Si encuentra cuatro signos similares, es un buen indicador de que un espíritu se está comunicando con usted.
10. Puede dedicar a su viaje todo el tiempo que desee. Sin embargo, el proceso puede resultar algo abrumador. Por ello, los principiantes deberían empezar con un recorrido de 8-10 minutos. Más adelante, a medida que adquiera confianza en su práctica, podrá aumentar el tiempo.
11. Si está utilizando una cinta de tambores chamánicos como base para su trance, elija los que señalan el momento de finalizar el viaje. Si está utilizando música, seleccione la que dure tanto como desee que dure el viaje. O bien, puede programar un temporizador que le indique cuándo debe finalizar sus viajes. Utilice un sonido de alarma sutil para evitar que le saquen de su viaje.

12. Para regresar, vuelva sobre sus pasos hasta el punto de entrada. Camine despacio, memorizando su camino por si desea regresar en el futuro. De este modo, podrá ir y volver de ese mundo con mayor facilidad y eficacia.
13. Cuando haya regresado, quédese quieto un momento y no abra los ojos todavía. Reflexione un momento sobre su viaje y manténgase en tierra. Preste atención a cómo se siente - en su mente, cuerpo y espíritu. ¿Siente algo diferente que antes de su viaje?
14. Reflexione sobre las experiencias vividas y los mensajes recibidos. ¿Ha sido capaz de descifrarlos? ¿Identificó de dónde procedían y qué significaban? Si no es así, puede escribirlos y volver sobre ellos más adelante. A veces, los mensajes sólo se hacen evidentes después de reflexionar un poco.

# Capítulo 7: Útiseta: Sentarse fuera, buscar dentro

Útiseta se traduce como "sentarse fuera" y es una forma de meditación para cualquiera que busque quietud y respuestas a preguntas apremiantes conectando con el Espíritu. Consiste en sentarse en un entorno natural, entrar en un trance ligero y realizar actos de magia. En este capítulo, descubrirá el origen del ritual Útiseta y aprenderá cómo lo utilizaban los Völvas en la antigüedad. También conocerá la importancia de la respiración y la concentración para este ritual. Por último, recibirá instrucciones prácticas para realizar la meditación Útiseta y el trabajo respiratorio que le permitirá concentrarse durante el ritual.

## ¿Qué es el ritual Útiseta y cuáles son sus orígenes?

Útiseta es un antiguo ritual de meditación practicado habitualmente por los völva y otros practicantes chamánicos de la religión nórdica. Aunque hay muy poca información sobre los orígenes exactos de esta práctica, se cree que sus raíces se encuentran en las tradiciones paganas germánicas. La forma en que los chamanes nórdicos practicaban la Útiseta parece apoyar esta creencia. Según la tradición, los Völva se adentraban en los túmulos funerarios de los antepasados muertos, se sentaban encima de ellos y meditaban hasta que invocaban al espíritu del antepasado y obtenían su sabiduría. Los völva eran poderosos chamanes y practicantes de la magia, y a menudo se aventuraban también en la adivinación. Sin embargo, se cree que la mayor parte del conocimiento obtenido por los völva procedía de los espíritus ancestrales. En esencia, utilizaban la Útiseta del mismo modo que la adivinación rúnica. Tanto si querían conocer el resultado de una batalla, decidir si atacar, retirarse, rendirse o saber si la cosecha del año sería un éxito, los völva podían consultar a los ancestros y obtener las respuestas.

En Uppsala, Suecia, los arqueólogos encontraron túmulos funerarios con la parte superior plana, lo que sugiere que fueron construidos teniendo en cuenta el ritual Útiseta. El trabajo de los Völva era claramente visible desde la parte inferior, y podían trabajar cómodamente. El ritual Útiseta a menudo requería mucho tiempo y concentración, lo que era física y mentalmente exigente para el practicante. A veces, las völvas recibían peticiones de varias personas, que buscaban respuestas sobre su futuro. Sentados en el cementerio, los Völva meditaban hasta encontrar las respuestas que se ocultaban a los demás.

La Edda Poética también hace referencia a Útiseta en un poema sobre el héroe Svipdagsmál. Necesitado de algún fortalecimiento espiritual, Svipdagsmál se sentó en el túmulo funerario de su madre. Meditó hasta que pudo despertar el alma de su madre. Ella le dio consejos y nueve amuletos mágicos que más tarde le ayudarían en sus aventuras.

Otro ejemplo de referencia a Útiseta en la Edda Poética procede del poema de Voluspa. En él, se describe a una Völva utilizando a Útiseta para obtener una profecía, que ella entregó a los hijos de Heimdal. Esta predicción en particular incluía todos los acontecimientos que ocurrirían en el mundo, incluido el Ragnarök.

## La importancia de la respiración y la concentración

La Útiseta es bastante prolongada, lo que dificulta bastante el mantenimiento de la concentración. Cuanto más tiempo esté sentado o de pie concentrándose en su intención, más difícil le resultará a su cerebro excluir los pensamientos entrantes. Lo mismo ocurre con el cuerpo: cuanto más tiempo pase en una posición, más probable es que le distraiga haciéndole señales para que se mueva. Aquí es cuando resulta útil adquirir una respiración adecuada.

Además, la Útiseta no consiste sólo en despejar la mente. Se trata de entrar en un estado de conciencia alterada - similar a un trance. En este estado, puede conectar con los otros reinos y hablar con las deidades, sus antepasados y guías espirituales. El trabajo respiratorio también puede ayudarle a permanecer centrado en su intención de comunicarse con los seres de otros reinos y descifrar sus mensajes, independientemente de lo largo que sea el viaje.

La idea de la respiración también está ligada a Odín. Como uno de los tres hermanos (mitad dioses y mitad gigantes) que crearon el mundo y las personas, Odín tenía un papel innegable en la vinculación de todo con el mundo natural. Fue él quien insufló vida a los tres troncos de los que se crearon los primeros humanos. Se cree que las Völva y otros chamanes nórdicos podían conectar con esta esencia divina dadora de vida a través del trabajo respiratorio. Incluso hoy en día, los practicantes equiparan la concentración en una respiración con la idea de Odín dando vida -y la utilizan para fortalecerse a sí mismos a través de Odín. Utilizan este poder para mantenerse concentrados durante la Útiseta y obtener las respuestas que buscan.

La respiración artificial es un proceso de respiración controlada y consciente que se utiliza para despertar su yo interior. Cuando tiene control sobre su respiración, puede explorar la parte subconsciente de su mente. Es un viaje que le lleva de vuelta a su núcleo. Puede llegar a lugares más allá del reino de su intelecto y despertar antiguos recuerdos, lo que favorece una mejor comunicación espiritual durante la Útiseta. Puede utilizar su respiración para despertar su potencial espiritual, creatividad, memoria y fuerza de voluntad para una visualización y comunicación avanzadas. A través de su respiración, puede comunicarse con cada parte de su cuerpo para alinearlo con el poder de la naturaleza y utilizar todo lo que le rodea para obtener la sabiduría que busca. La respiración también puede ayudarle a sanar traumas y a resolver emociones que podrían interferir con la comunicación espiritual o dificultar su capacidad de concentración durante su trabajo.

## ¿En qué se diferencia la Útiseta del viaje?

La principal diferencia entre la meditación Útiseta y el viaje chamánico es la duración de la práctica. El seidr y otras formas de viaje chamánico no suelen durar más de 15-20 minutos. Para un practicante chamánico experimentado, 15 minutos es tiempo más que suficiente para buscar la información necesaria. Para los principiantes, también es tiempo suficiente para practicar, aunque no obtengan respuestas inmediatamente.

La Útiseta, en cambio, es un ejercicio mucho más largo. Puede llevarle horas o incluso días completarlo, dependiendo de su nivel de experiencia y de las respuestas que busque.

Otra diferencia notable es que los chamanes suelen entrar en un estado de trance mientras viajan, mientras que, con la Útiseta, debe permanecer justo al borde de entrar en este estado para permanecer lo suficientemente consciente como para comunicarse con el espíritu con el que intenta conectar. No sólo eso, sino que usted entra en este estado a través de un camino guiado. Por ejemplo, puede escuchar tambores y entrar en trance para sanar un trauma o aprender algo de sus antepasados. O bien, puede viajar al mundo espiritual y encontrarse con los espíritus de allí.

Los estados de conciencia en el chamanismo nórdico son así:

- **Trance muy ligero** - Se consigue a través de la meditación y de un sencillo trabajo de respiración
- **Trance ligero** - Utilizado en Útiseta
- **Trance profundo** - Se consigue a través del viaje chamánico
- **Trance muy profundo** - Alcanzado a través de viajes chamánicos guiados o magia

## La meditación Útiseta en los tiempos modernos

Hoy en día, la Útiseta se considera la encarnación espiritual de una experiencia de uno mismo como parte del mundo natural. Hay muchas maneras de que los practicantes modernos se experimenten a sí mismos como parte de la naturaleza. Una de ellas es encontrar un lugar para sentarse donde no les molesten cuando practiquen la meditación profunda. Puede empezar con una sencilla meditación de 15 minutos para ralentizar la respiración y calmar la mente. Escuchar los sonidos naturales que le rodean puede ayudarle con esto. Siéntase libre de volver a este lugar y hacer meditaciones más largas. Cuanto más se sintonice con el lugar, más fácil le resultará concentrarse durante periodos más largos en una sola sesión. Los practicantes experimentados realizan la Útiseta durante toda la noche, desde el atardecer hasta el amanecer.

Útiseta implica sentarse quieto en la naturaleza.[18]

He aquí el testimonio de un practicante actual de Útiseta:

*"Mi viaje comenzó justo antes de la puesta de sol, cuando el sol se hundía en el horizonte. La noche era tranquila y fría, y el cielo estaba nublado. Me senté en un lugar tranquilo, lejos de los demás, envuelta en mi capa. Tras profundizar en mi respiración, comencé a recorrer el paisaje y sólo me detuve cuando llegué a un roble centenario y al pozo que había junto a él. Toqué el amuleto que llevaba colgado del cuello. Me dejé caer en el pozo. Mientras viajaba hacia abajo, fui consciente del roble que había sobre mí, pero el tiempo se disolvió lentamente. Me sentí obligado a respirar profundamente, y cuando lo solté, estaba de pie en el suelo, habiendo resurgido del pozo. El cielo estaba mucho más oscuro y vi cuatro cuervos volando hacia el este. Como mi propósito era llegar hasta la diosa Freyja, empecé a rezarle. Vi una imagen de alguien que colocaba un cuenco de madera bajo el roble, vertía hidromiel en el cuenco y lo removía tres veces en el sentido de las agujas del reloj. Ofrecían el hidromiel a la diosa, pidiendo a cambio una buena cosecha. Leí las runas grabadas en el cuenco de madera y oí a la gente entonar una hermosa canción dedicada a Freyja. Concentrarme en esta canción me ayudó a estabilizar mi respiración y a centrarme en mi intención. Al cabo de un rato,*

*sentí que se formaba la respuesta. Me vi de pie en la sala de Freyjas, sintiendo la atracción de entrar. Me sentí acogida mientras observaba cómo ardían las velas. Sabía que estaba entre reinos, y mi respuesta apareció de repente en mi cabeza. Me sentí completa, y expresé mi gratitud. Cerré los ojos, y cuando los abrí, estaba de nuevo entre el mundo moderno, sentada en mi lugar apartado mientras el sol estaba a punto de salir".* Chiara

Se aconseja a los principiantes que realicen la Útiseta siguiendo a un guía experimentado. Recuerde que este ejercicio increíblemente exigente requiere mucha concentración y fuerza de voluntad. Establecer contacto con alguien de otro mundo también puede resultar abrumador, por lo que siempre debe tener mucho cuidado con la forma de hacerlo. Un guía puede ayudarle a alcanzar el estado de conciencia deseado de forma segura y eficaz, para que pueda obtener la sabiduría que busca.

Incluso con un guía a su lado, no puede esperar sumergirse en la Útiseta inmediatamente. Antes de intentarlo, debe dominar las técnicas eficaces de respiración y meditación, que entrenarán su mente para concentrarse durante periodos de tiempo más largos y su cuerpo para permanecer relajado el tiempo necesario. Después de adquirir confianza en la meditación y el trabajo respiratorio, puede pasar a intentar entrar en un trance ligero. Practique esto también para sentirse cómodo trabajando en este estado y ver cómo puede utilizar sus poderes naturales mientras está en trance. Una vez que se sienta cómodo entrando en este trance ligero, puede pasar a hacer una meditación Útiseta.

Hoy en día, esta meditación en profundidad también puede realizarse con fines similares a los que utilizaban los nórdicos en la antigüedad. Puede utilizarla para obtener respuestas sobre acontecimientos futuros de antepasados y guías espirituales o pedirles su visión sobre una situación concreta. Sentarse al aire libre le permite reformar su tan necesaria conexión con la naturaleza y recibir inspiración o guía. Algunos practicantes utilizan la Útiseta como práctica de canalización, para aprovechar las energías de la naturaleza y el universo.

A muchos practicantes les resulta útil cubrirse con una capa o un chal para bloquear las distracciones visuales. Una vez que la persona restablece sus sentidos y bloquea las distracciones, suele quitarse la tela y mirar el mundo con nuevos ojos. Sus otros sentidos se agudizarán, lo que les ayudará a entrar en un estado de trance.

# Ejercicios Útiseta

He aquí una forma fácil para principiantes de realizar la mediación Útiseta. Está diseñada para hacerse durante toda la noche, no sólo durante un par de horas. Sin embargo, si se siente incómodo haciéndola toda la noche, siéntase libre de reducir el tiempo. Al estar sentado en un lugar como principiante, probablemente se sentirá obligado a preguntarse si el ejercicio tiene un propósito. Esto es normal, pero sólo significa que debe entrenarse para ser más paciente. Es algo que les ocurre a todos los practicantes. Todos necesitan pasar por eso antes de poder comprender el verdadero significado espiritual de la práctica.

**Consejos preparatorios**

La Útiseta se realiza tradicionalmente en un túmulo o una colina de hadas. Sin embargo, suponga que no tiene túmulos cerca. En ese caso, las tumbas de sus antepasados también servirán, sobre todo si desea comunicarse con sus espíritus. Antes de embarcarse en su viaje de meditación, piense en su propósito. Establecer un motivo concreto para acercarse a las almas le ayudará a obtener mejores resultados. Por supuesto, puede salir y esperar hablar con un antepasado. Sin embargo, sin un propósito, no responderá a las preguntas ni podrá centrarse en esta búsqueda durante demasiado tiempo, además corre el riesgo de toparse con espíritus poco amistosos que pueden aprovecharse de usted. Tal vez no sea consciente de tener ninguna pregunta sin respuesta, pero aun así se siente completo para probar la Útiseta. Si este es el caso, considere por qué quiere hacerlo. Dicho esto, la pregunta no tiene por qué ser demasiado específica. He aquí algunos ejemplos de intenciones que puede plantearse:

*"Tengo una pregunta que necesito que me respondan y deseo hablar con mis antepasados".*

*"Hay una parte de mí que no logro comprender, y necesito que alguien me proporcione claridad".*

*"Alguien ha acudido a mí con un problema para el que necesita ayuda, pero no sé cómo ayudarle".*

*"Mi perro mascota está enfermo y necesito saber qué hacer al respecto".*

*"Estoy aquí y me gustaría hablar con usted sobre..."*

Instrucciones:
1. Encuentre un lugar apartado en la naturaleza y siéntese.
2. Empiece a prestar atención a lo que le rodea y a cómo experimenta su entorno.
3. Mire los árboles y las rocas. Observe la hierba, los pequeños animales y el viento en los árboles, y experimente los sonidos y los olores.
4. En primer lugar, concéntrese en una cosa cada vez, luego pase a dos y después concéntrese en cinco cosas a la vez. Esto último será todo un reto, sobre todo si no puede mantenerse quieto.
5. A continuación, concéntrese en su respiración y dirija su atención hacia usted. Si lleva una chaqueta, una capa o una sudadera con capucha, acerque sus bordes al cuerpo y póngase la capucha (si la tiene).
6. Ahora debe dejar de notar nada del exterior. Concéntrese en encontrar el núcleo de su ser. Esto podría llevarle entre 10 y 15 minutos y debería repetirlo durante una hora más o menos.
7. Entonces, puede, una vez más, expandir su atención hacia fuera, excepto que esta vez, irá más allá del límite de su cuerpo. Intente imaginarse experimentando su entorno, pero ya no como algo separado de usted.
8. En ese momento, deberá abrirse a la comunicación con seres de otros mundos.
9. Repetirá esto de 5 a 12 veces, dependiendo de cuántos espíritus pueda alcanzar y de cuánto tiempo esté dispuesto a buscar respuestas o poderes. Algunas entidades serán menos comunicativas, mientras que otras le ayudarán fácilmente.

# Trabajo respiratorio para alcanzar un trance ligero

### Respiración para principiantes

Para entrar en un trance ligero, tendrá que centrarse en su respiración. He aquí una forma fácil de empezar. Se recomienda hacer este ejercicio sentado. Evite tumbarse, ya que tener las piernas firmemente apoyadas en el suelo centra su mente durante el mismo. Quiere que la energía de la naturaleza trascienda su cuerpo y fluya a través de él de forma natural.

**Instrucciones:**
1. Siéntese en una posición cómoda y respire profundamente. Mientras inspira, cuente hasta cuatro.
2. Cuente hasta cuatro mientras retiene la respiración y suéltela mientras vuelve a contar hasta cuatro.
3. Si puede, empiece a prolongar el tiempo mientras exhala. Si no puede, limítese a contar hasta cuatro.
4. Repítalo hasta que empiece a alcanzar un nivel de conciencia más profundo. Sentirá esto cuando sienta que su conciencia le abandona.
5. Deje que suceda automáticamente. Siéntese y déjese llevar por la respiración.
6. Debe perder la conciencia de su cuerpo como si ya no existiera. Sólo existe su alma - y ahora es libre de viajar y comunicarse con otras almas.
7. Aunque el propósito de este ejercicio de luz no es la comunicación espiritual, si se encuentra con otros espíritus, siéntase libre de hablar con ellos. Si no, no se preocupe. Por ahora, alcanzar el trance de luz es un resultado perfectamente aceptable.

**Respiración para abrir el corazón**

Este sencillo ejercicio de respiración le ayudará a centrarse en su respiración y le facilitará la entrada en un trance ligero.

**Instrucciones:**
1. Póngase de pie en el suelo (preferiblemente en un lugar tranquilo en la naturaleza).
2. Cierre los ojos y abra el corazón mientras siente los efectos enraizantes de la naturaleza.
3. Respire hondo y suelte. Repítalo un par de veces hasta que esté listo para visualizar.
4. Cuando esté preparado, imagine un vasto mundo en el ojo de su mente. Este mundo no se ve a sus ojos, pero poco a poco se revela ante usted.
5. Siga respirando profundamente y suelte el aliento lentamente. Sienta la fuerza de la naturaleza que le rodea en el nuevo mundo. Sienta la vida que fluye a través de todo ello.

# Capítulo 8: Magia rúnica y adivinación

Las runas son símbolos antiguos que tuvieron varios propósitos a lo largo de la historia del paganismo nórdico - y este capítulo los descubrirá todos. Verá cómo su uso evolucionó desde complejos instrumentos de comunicación hasta simples herramientas de adivinación. También encontrará muchas guías sobre cómo seleccionar, consagrar, lanzar y trabajar con las runas.

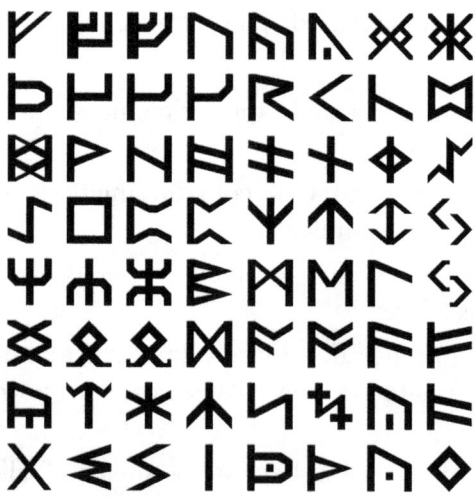

Ejemplos de runas [19]

# La historia de las runas

La información obtenida a través de los registros históricos y la tradición nórdica sugiere que las runas fueron utilizadas predominantemente como herramientas de comunicación por las antiguas tribus germánicas. La primera prueba conocida de escritura rúnica procede de una talla que data del año 400 a. C. Cuando los paganos germánicos empezaron a utilizar las runas como letras (conocidas como pentagramas), las organizaron en un alfabeto. Sin embargo, para los antiguos nórdicos, el significado de cada pentagrama no era tan sencillo como el de las letras en la mayoría de las lenguas actuales. Según sus creencias, cada runa simboliza un aspecto de la vida, una forma específica o un pensamiento universal. Las runas sólo eran utilizadas por los miembros más cultos de la tribu. Empleaban las runas para registrar acontecimientos y profecías que afectaban a su comunidad o para intercambiar información y forjar alianzas con los vivos y los espíritus.

En nórdico antiguo, el significado principal del término runa es "enigma" o "mensaje encubierto". Creían que las runas tenían propiedades mágicas que permitían a la gente enviar y recibir mensajes de seres superiores, inducir a las deidades, espíritus ancestrales, animales y objetos mágicos. Los antiguos nórdicos también creían que las runas podían desvelar los secretos de los acontecimientos futuros.

En el alfabeto nórdico, cada runa recibía el nombre de lo que tradicionalmente representaba mágica y espiritualmente. Los registros más antiguos muestran que los pentagramas se grababan inicialmente en tablillas de piedra, que quedaban como testimonio de los logros de una tribu concreta. A medida que avanzaba su conocimiento de las runas, los nórdicos empezaron a inscribirlas en pequeños trozos de hueso, piedra, madera o metal y a llevarlas a todas partes para poder utilizarlas con distintos fines. La forma en que se representa cada runa depende de cómo suene su nombre y de la letra que represente en el alfabeto nórdico. Por ejemplo, la runa Tiwaz se muestra como una flecha apuntando hacia arriba. Esto representa a la runa como el símbolo de Tyr, el dios nórdico de la guerra, conocido por su costumbre de viajar por el cielo.

El alfabeto rúnico se denomina "Futhark", que es una abreviatura de las runas Fehu, Uruz, Thurisaz, Ansuz, Raidho y Kennaz. Éstas eran las seis primeras runas del alfabeto rúnico más antiguo conocido, el Futhark Antiguo. Este alfabeto contiene 24 runas, que equivalían a un gran número de letras de la lengua inglesa antigua. El Futhark antiguo se sigue utilizando hoy en día para la adivinación. Las runas de este alfabeto se dividen en tres Aetts, que están regidos por tres de las deidades nórdicas más poderosas, Freyr, Heimdal y Tyr. Cada aett representa también una etapa específica de la vida: un éxito temprano, un fracaso y la prosperidad a pesar de los obstáculos de la vida.

## El significado de las runas

Las runas del Futhark antiguo tienen varios significados, a menudo abiertos a la interpretación del lector. Dicho esto, he aquí los aspectos de la vida a los que se asocia cada runa, junto con sus símbolos.

### ᚠ- Fehu

Pronunciada "FEY-ju", el nombre de esta runa se traduce como "ganado". Fehu puede indicar abundancia, ganancia material, riqueza, suerte, esperanza, propiedad y fortuna. También puede simbolizar el cumplimiento de sueños y metas en los distintos aspectos de la vida.

### ᚢ- Uruz

Pronunciada "UU-ruuz", Uruz significa "buey salvaje". Al igual que este animal sagrado, la runa se asocia con la fuerza de voluntad, la fortaleza, el valor, la perseverancia, la resistencia, la vitalidad, los buenos tiempos y la salud. Se cree que Uruz tiene el poder de forjar el propio destino.

### Þ - Thurisaz

Pronunciada "THUR-ii-sazh", esta runa en inglés significa "gigante". Simboliza el martillo de Thor, la protección, la defensa, las fuerzas perturbadoras, el ataque o el peligro. Thurisaz también puede significar que debe alterar el curso de su vida para obtener el poder divino.

### ᚨ - Ansuz

Pronunciada "AHN-suuz", el nombre de esta runa puede traducirse como "revelación". Se asocia con el dios nórdico Odín y su capacidad de comunicación. Por ello, la runa representa la capacidad mental, la boca y los órganos necesarios para el habla. También puede simbolizar otras deidades nórdicas con las que puede comunicarse a través de mensajes y perspicacia.

### ᚱ - Raidho

Pronunciada "Rah-IID-o", esta runa significa "viaje a caballo" en inglés. Puede señalar cualquier forma de movimiento, la decisión consciente de trabajar por sus objetivos, el progreso en la vida, el crecimiento espiritual y las nuevas perspectivas.

### ᚲ - Kenaz

Pronunciado "KEN-ahz", Kenaz es un término nórdico que significa úlcera. También puede significar antorcha, iluminación, transformación, propósito, pasión o perspicacia. Muchos ven la runa como un signo de una vocación superior hacia el seguimiento de los propios sueños. Kenaz también puede significar que no puede dejar que las influencias externas afecten a su vida.

### ᚷ - Gebo

Pronunciada "GAY-bo", esta runa se traduce como "regalo". Se considera un signo de gratitud o la necesidad de intercambiar algo mediante ofrendas. Los practicantes utilizan Gebo para obtener ayuda, bendiciones, asociación, servicio o suerte a través de actos de generosidad y caridad.

### ᚹ - Wunjo

Pronunciada "WUUN-yo", esta runa simboliza la alegría y el bienestar. Puede significar el cumplimiento de los sueños y un estado de satisfacción. Sin embargo, Wunjo también puede significar que su felicidad puede verse amenazada por un cambio inminente. A través de las pérdidas y las pruebas de fuerza, la runa le permite mantener la capacidad de crecer y prosperar.

### ᚺ - Hagalaz

Pronunciada "HA-ga-lah", esta runa se traduce como "granizo". Denota dificultades que podrían detener o retrasar sus planes. También puede referirse a una entrada externa o a la influencia destructiva de la naturaleza. A pesar de esto último, Hagalaz puede cambiar la vida de uno para mejor.

### ᚾ - Naudhiz

Pronunciado "NAWD-hiiz", Naudhiz significa "necesidad" en inglés. También puede destacar la resistencia, la dificultad para prosperar, la carencia o la angustia. Suele simbolizar la necesidad de superar un obstáculo, la encarnación de sus deseos y la necesidad de prestar atención a sus problemas y deseos incumplidos.

### ᛁ - Isa

Pronunciada "II-sa", esta runa se traduce como "hielo". Simboliza un apresurado periodo de quietud en el que todo se detiene para que pueda ver los cambios que necesita hacer. Isa es la clave del éxito de la autorrenovación, ya que le impide seguir los mismos viejos patrones y quedarse estancado.

### ᛃ - Jera

Pronunciada "YERA-a", Jera suena casi idéntica a su traducción al inglés: year. Esta runa representa la cosecha, el ciclo de la vida y la naturaleza, la recompensa por el trabajo duro y el final de una era. También simboliza los nuevos comienzos, las oportunidades de crecimiento y la obtención de abundancia y sabiduría.

### ᛇ - Eihwaz

Pronunciada "AY-wahz", esta runa se traduce como "tejo". Según la mitología nórdica, el tejo encarna la sabiduría suprema. Su símbolo representa formas de desvelar los misterios de la vida, conectar con la energía y el conocimiento divinos sagrados y encontrar inspiración, estabilidad y estabilidad.

### ᛈ - Perthro

Pronunciado "PER-thro", Perthro transmite destino, profecía, misticismo y ocultismo. También puede simbolizar la fertilidad, la autoconciencia y nuevas oportunidades para aumentar su fortuna. Esta runa es un indicio de que su futuro depende de sus elecciones actuales.

### ᛉ - Algiz

Pronunciada "AL-giiz", esta runa significa "alce". Este animal se asocia con la buena suerte, la protección, el valor y el despertar espiritual. Es una señal de que debe recurrir a su intuición para encontrar la conexión con su yo superior.

### ᛋ - Sowilo

Pronunciado "So-WII-lo", Sowilo se traduce como "Sol". Encarna la vitalidad, la abundancia, el consuelo, la motivación y la alegría. Sean cuales sean los obstáculos a los que se enfrente en la vida, esta runa le proporciona la seguridad de que los superará.

### ᛏ - Tiwaz

Pronunciado "TII-wahz", significa "el dios Thor". Transmite todos los atributos de esta deidad nórdica, como la audacia, el liderazgo, el honor, la fuerza divina y el coraje. También puede representar su capacidad para hacer sacrificios y prosperar a pesar de los obstáculos a los que se enfrente.

### ᛒ - Berkano

Pronunciado "BER-Kah-no", Berkano se traduce como "abedul" o "la diosa del abedul". Se asocia con el renacimiento, la fertilidad y los nuevos comienzos. La runa también puede apuntar al potencial de crecimiento y a encontrar formas creativas de empezar de nuevo tras una experiencia desafiante.

### ᛖ - Ehwaz

Pronunciada "IH-wahz", esta runa significa "caballo". En la mitología nórdica, este animal es el símbolo de la confianza. Además de esto, la runa puede simbolizar el compañerismo, la fe en su progreso y la asociación. También puede representar el instinto animal, la necesidad de ayuda o el deseo de avanzar en su vida.

### ᛗ - Mannaz

Pronunciada "MAN-Naz", Mannaz es el equivalente de la palabra inglesa "man". La runa encarna la humanidad, la mortalidad y el equilibrio entre la vida y la muerte. También puede simbolizar los valores humanos y las habilidades que uno desarrolla a lo largo de la vida.

### ᛚ - Laguz

Pronunciada "LAH-guuz", esta runa tiene varios significados. Laguz se asocia principalmente con el agua y la fluidez, la conciencia interior, lo desconocido y el potencial. También puede denotar sueños, imaginación y tener el corazón abierto incluso en tiempos difíciles.

### ᛜ - Ingwaz

Pronunciada "ING-wahz", esta runa recibe su nombre del dios de Ingwaz. Su significado está ligado a los nuevos comienzos y a desvelar el propio potencial aprovechando las nuevas energías, la sabiduría ancestral o el uso de la sexualidad. También encarna la paz, el bienestar y el crecimiento espiritual.

### ᛟ - Othala

Pronunciada "OH-tha-la", esta runa significa "herencia" en inglés. Se asocia con la herencia, la sabiduría ancestral, la nobleza, el regreso al hogar, la propiedad y los talentos ocultos. También puede sugerir que sus valores residen en su legado y conexión con su comunidad.

## ᛞ - Dagaz

Pronunciado "DAH-gahz", Dagaz es un término nórdico para "día". Encarna la inspiración, la posibilidad de despertar, la esperanza, el equilibrio, los cambios al comienzo del día y el inicio de un nuevo ciclo. También puede denotar crecimiento espiritual, felicidad, claridad y autoconciencia.

## Adivinación rúnica

Según el poema eddico "Hávamál", las runas fueron reveladas a la gente por el propio Odín. Descubrió las runas y su poder durante su calvario mientras pasaba nueve días y nueve noches colgado del Yggdrasil. Tras la novena noche, miró hacia abajo, vio las runas y éstas le indicaron cómo liberarse. Al darse cuenta de que las runas encerraban aún más sabiduría de la que él poseía, Odín las compartió con los demás dioses y diosas. Les enseñó su significado y cómo utilizarlas y, a su vez, ellos transmitieron estos conocimientos al pueblo.

Profetizar los resultados futuros con runas (la práctica conocida como lanzamiento de runas) es uno de los métodos adivinatorios más sencillos. De forma similar a las lecturas del Tarot, las runas se lanzan o se colocan sobre una superficie plana y después se interpretan. Las runas pueden lanzarse al azar o siguiendo un patrón específico, en cuyo caso cada runa tiene un propósito concreto. La adivinación rúnica sólo puede darle respuestas a preguntas sencillas que le ayuden a hacerse una idea más clara de su futuro. No es adivinación y no le dará respuestas concretas. Aunque las runas pueden revelar diferentes influencias relacionadas con sus consultas, nunca le mostrarán un momento concreto del día en el que ocurrirá algo. Las runas denotan la puerta de entrada a su subconsciente a través de su intuición. Al acceder a su subconsciente y utilizarlo para descifrar los símbolos rúnicos que tiene delante, podrá encontrar las respuestas que ya están en su subconsciente.

Antiguamente, las runas eran símbolos tallados en pequeños palos hechos con ramas de árboles que contenían nueces. Tradicionalmente, las runas se lanzaban al azar sobre un trozo de tela blanca tras un pequeño ritual. Éste consistía en que el lanzador de runas rezaba una rápida plegaria a los dioses o espíritus a los que pedía ayuda para interpretar los resultados y miraba al cielo mientras lanzaba las runas frente a él. Entonces interpretaban los resultados según sus preferencias y tradiciones.

### Seleccionar sus runas

Hoy en día, puede comprar runas prefabricadas y kits completos de fundición rúnica. Pueden estar hechas de piedra, madera o incluso cristales. Los cristales llevan su propia energía mágica intrínseca, pero se les puede infundir su poder o el de la naturaleza. También puede fabricar su propio juego de runas. Esto fomentará una conexión más fuerte entre su energía y las runas, facilitando que su intuición capte el significado de las runas. Tanto si compra como si crea sus propias runas, seleccionar las adecuadas es crucial para que funcionen para usted.

He aquí cómo seleccionar su kit de runas:

1. Coloque las manos sobre las runas y compruebe si tiene alguna reacción ante ellas.
2. Escuche a su instinto: percibirá las runas con las que tiene alguna conexión.
3. Si se siente atraído por las runas, coja algunas de ellas (o todas en una bolsa o caja) e intente sentir su energía.
4. Éstas son las adecuadas para usted si siente una clara conexión con las runas.

### Consagrar sus runas

Después de crearlas o seleccionarlas, debe consagrar sus runas. Esto le ayudará a conectar con las runas antes de utilizarlas para la adivinación. Necesitará una gran concentración para hacerlo, así que asegúrese de no estar demasiado preocupado por otras cosas como para concentrarse en su tarea. He aquí una forma fácil para principiantes de consagrar sus runas:

1. Coloque las runas frente a usted y una vela junto a ellas en su altar o mesa.
2. Encienda la vela y concéntrese en su llama mientras respira profundamente unas cuantas veces para ayudarle a concentrarse.
3. Coja una runa, recite su nombre en voz alta y pásela sobre la llama de la vela.
4. Repita la operación con el resto de las runas.
5. Cuando haya terminado, guarde las runas en una bolsa o caja protectora para mantenerlas alejadas de influencias negativas hasta que necesite utilizarlas.

**Lanzar e interpretar las runas**

He aquí una forma sencilla de lanzar e interpretar las runas:

1. Coloque un paño blanco sobre su altar, mesa u otra superficie sobre la que desee trabajar.
2. Formule una pregunta en su mente. Para empezar, formule preguntas que puedan responderse con un "Sí" o un "No". Éstas sólo confirmarán lo que ya sabe en su subconsciente, pero le ayudarán a cogerle el truco a escuchar a su intuición.
3. Coja la bolsa o la caja de runas y lance las runas sobre la tela.
4. Mire hacia el cielo, y si desea llamar a un guía para que le ayude a interpretar las runas, hágalo.
5. A continuación, mire las runas e intente interpretar su significado. Intente interpretar una runa cada vez.
6. El significado simbólico de una profecía depende totalmente de su interpretación. Por ejemplo, Jera significa "cosecha", lo que puede interpretarse como cosechar los frutos de su trabajo.
7. Sin embargo, cuando surja, tendrá que preguntarse si está esperando recompensas por algún trabajo que haya realizado recientemente.
8. Si el primer pensamiento que tiene al mirar a Jera es que está ante una nueva oportunidad en lugar de una recompensa, probablemente éste sea el significado correcto en ese momento.

**Lectura de una tirada de runas**

Una vez que domine la lectura de una runa, puede pasar a una tirada de tres runas. He aquí cómo hacerlo:

1. Respire hondo, saque tres runas y colóquelas frente a usted en línea horizontal.
2. El del medio refleja su situación actual y sus acciones.
3. El de la izquierda muestra las influencias del pasado.
4. Mientras que la runa de la derecha ilustra el resultado futuro más probable de sus acciones presentes.

**Creación de sus propios amuletos y hechizos**

Aunque puede utilizar encantamientos y hechizos preexistentes, crear los suyos propios los hará aún más poderosos. Sin embargo, para ello, tendrá que entender cómo la posición de las runas influirá en su eficacia en un encantamiento o hechizo. He aquí las posiciones a tener en cuenta:

- **Posición directa:** Indica sus valores y simbolismo más indicativos.
- **Runas invertidas:** Relacionadas con el significado directo de las runas, pero de forma algo exagerada.
- **Posición de espejo:** Utilícelas para hacer runas de ligadura, pero tenga precaución porque tienen el poder de atrapar energía y proporcionan muy poco a cambio.

Cuando haga sus propios hechizos y amuletos, debe trabajar su técnica de visualización y agudizar su intuición al máximo. He aquí cómo hacerlo:

1. Visualice su intención hasta que se convierta en una palabra que pueda ver delante de usted. Una simple palabra puede ser tan poderosa que baste para surtir efecto. Puede crear hechizos rúnicos o amuletos a partir de palabras compuestas si tiene más confianza.

2. Alternativamente, puede inscribir hechizos completos en su herramienta mágica rúnica. Por ejemplo, puede utilizar hechizos de protección, fertilidad o invocación de guías.

3. Repita la visualización de la runa que está utilizando hasta que pueda hacerlo con confianza. Cuanto más fácil le resulte hacerlo, más eficaz será su magia.

4. Si tiene problemas para visualizar las runas, elija una de una mesa que tenga delante e intente imaginársela con los ojos cerrados. Pruebe primero con imágenes en blanco y negro y luego pase a las de color.

5. Cuando domine la forma de las runas, puede añadir texturas o imágenes a sus formas. Intente encontrar las imágenes que mejor representen su núcleo de significado y céntrese en ellas cuando intente visualizarlas.

6. Una vez que pueda conectar con su núcleo de significado, podrá memorizar los detalles que necesitará cuando intente crear las runas que mejor describan su intención.

7. A continuación, en función de su objetivo, seleccione el material que va a utilizar. Si tiene un objetivo a largo plazo, necesitará algo resistente, como piedra o madera. Si tiene un objetivo a corto plazo, le bastará con papel.

8. No olvide tener en cuenta si desea crear un hechizo, un talismán u otra cosa. Por ejemplo, si está creando un amuleto protector para usted, necesitará llevarlo consigo para que surta efecto. En este

caso, puede crear un colgante para un collar, que podrá llevar allá donde vaya.

9. Sin embargo, si necesita protección para su hogar, una obra de arte para colgar en sus paredes sería una elección más adecuada.

10. Talle la runa en la superficie deseada mientras está sentado en un ambiente tranquilo. Puede meditar previamente para relajar la mente y dejar que se concentre en la tarea.

11. También puede repetir la meditación cuando haya terminado su trabajo. No olvide agradecer a sus guías su ayuda.

12. Guarde la runa en algún lugar donde pueda verla siempre que necesite recurrir a su poder. Una vez que haya alcanzado su objetivo, podrá destruir la runa.

# Capítulo 9: Runas ligadas y Sigilos

El uso de símbolos y sigilos ha sido parte integrante de la espiritualidad humana y de las prácticas mágicas durante milenios. En el paganismo nórdico, el uso de runas ligadas ocupa un lugar importante tanto en las prácticas históricas como en las modernas. Las runas ligadas, también conocidas como sigilos rúnicos, son símbolos creados combinando dos o más letras rúnicas para formar un diseño único con un significado y un propósito específicos.

Históricamente, las runas ligadas se utilizaban en las antiguas culturas germánicas y nórdicas para transmitir la identidad personal o familiar, protección e intención mágica. Por ejemplo, los guerreros vikingos tallaban runas ligadas en sus armas o escudos para imbuirlos del poder de las runas y protegerse en la batalla. También se utilizaban en la vida cotidiana para alejar las energías negativas o promover la prosperidad y la buena suerte.

Hoy en día, las runas ligadas siguen desempeñando un papel esencial en las prácticas mágicas modernas y en el paganismo nórdico. Se utilizan en hechizos, meditaciones y prácticas rituales para manifestar intenciones, protegerse y conectar con las energías de las runas. Además, crear una runa ligada personal

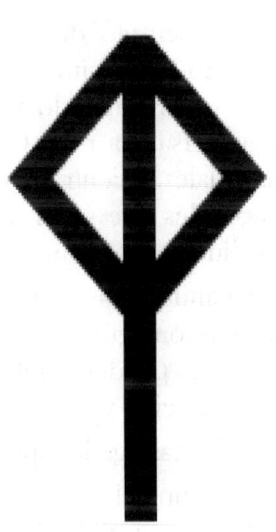

Runas ligadas Ing[20]

puede ser una herramienta poderosa para la autoexpresión, el crecimiento personal y el desarrollo espiritual.

Este capítulo le proporcionará una visión en profundidad de las complejidades de las runas ligadas y su significado en el paganismo nórdico. Además, aprenderá a crear y consagrar sus runas ligadas utilizando energía elemental y diversos métodos de activación. Esta exploración de las runas ligadas le proporcionará las herramientas necesarias para crear un símbolo de poder personalizado que puede ayudarle a manifestar sus intenciones, conectar con las energías de las runas y profundizar en su práctica espiritual.

## Tipos de runas ligadas

Las runas ligadas se clasifican en diferentes tipos en función de factores como el tipo de runas utilizadas, su diseño y su finalidad o función.

### 1. Runas ligadas superpuestas

Las runas ligadas superpuestas, también conocidas como runas ligadas de intersección, son un tipo de runas ligadas que consiste en superponer dos o más runas para crear un nuevo símbolo. Estas runas se seleccionan cuidadosamente en función de sus significados y propiedades individuales y se combinan de forma que creen un símbolo nuevo y más complejo con un propósito o intención específicos.

Un ejemplo de runa ligada superpuesta es el Vegvísir , utilizado a menudo como símbolo protector en el paganismo nórdico. El Vegvísir se creó superponiendo varias runas diferentes, incluidas las runas Othala, Algiz e Isa. La runa Othala es una línea recta de la que salen dos líneas diagonales, mientras que la runa Algiz parece un rombo con dos líneas diagonales que salen de la parte superior. Por último, la runa Isa parece una línea recta vertical.

Cuando estas runas se superponen, crean un símbolo complejo que proporciona guía y protección al portador. Las runas ligadas superpuestas también pueden utilizarse para otros fines, como la sanación, la manifestación y la creatividad.

### 2. Runas ligadas apiladas

Las runsa ligadas apiladas, por otro lado, son un tipo de runa ligada lineal que implica la combinación de dos o más runas apiladas una encima de otra. Este tipo se utiliza a menudo en la magia moderna y puede verse en diversos símbolos, logotipos y diseños.

Un ejemplo de runa ligada apilada es el moderno símbolo Bluetooth, creado superponiendo las runas de la "H" y la "B" para crear un símbolo nuevo y más complejo. Las runas ligadas apiladas se utilizan a menudo con fines específicos, como la comunicación, la protección o la manifestación, y se elaboran cuidadosamente para incluir las runas y el simbolismo apropiados para el fin perseguido.

### 3. Runas ligadas lineales

Las runas ligadas lineales combinan dos o más runas de forma lineal a lo largo de un mismo eje. Esto puede implicar superponer las runas o colocarlas una al lado de la otra. Al crear una runa ligada lineal, las runas específicas utilizadas y su colocación son consideraciones importantes. Cada runa tiene un significado específico y una energía asociada a ella, y la combinación de estas energías puede crear un símbolo poderoso con un propósito específico. Por ejemplo, la runa ligada de Odín combina las runas Othala, Dagaz e Isa de forma lineal. La runa Othala representa la herencia y la propiedad, la runa Dagaz representa la transformación y los nuevos comienzos, mientras que la runa Isa representa la quietud y la concentración. Cuando estas tres runas se combinan de forma lineal, crean un poderoso símbolo que puede ayudar al usuario a manifestar nuevos comienzos y a centrarse en la consecución de sus objetivos.

### 4. Runas ligadas de bastón

Las runas ligadas de bastón, o runas ligadas radiales, combinan varias runas que parten de un punto central común. Este tipo de runa ligada se utiliza comúnmente para protección o como amuleto. Un ejemplo de runa ligada de pentagrama es el Yelmo del Pavor, que combina las runas Algiz, Raido y Othala. La runa Algiz representa la protección y la defensa, la runa Raido representa el movimiento y el viaje, mientras que la runa Othala representa la herencia y la propiedad. Cuando estas tres runas se combinan radialmente, crean un poderoso símbolo que proporciona protección y seguridad a su portador.

Además, algunas runas ligadas están diseñadas para funcionar como sigilos, símbolos cargados de intención mágica para lograr un resultado específico. El diseño puede personalizarse combinando runas específicas de forma única y significativa e incorporando líneas, curvas o símbolos adicionales a la estructura básica. A continuación, el sigil de runa ligada se carga con la intención mágica a través de diversos métodos, como la visualización, la meditación o las prácticas rituales.

Los sigilos de runas ligadas se utilizan en magia y rituales para manifestar un resultado deseado, como la protección, el éxito o el amor. Pueden crearse para uso personal o compartirse con otros para invocar una energía o intención específica. Una vez cargado, el sigilo de runa ligada puede utilizarse de varias formas, como dibujándolo en un trozo de papel o tallándolo en un trozo de madera o piedra. Algunos practicantes también llevan consigo el sigilo de runa ligada o lo incorporan a su altar personal o espacio sagrado.

El poder de un sigilo de runa ligada reside en su capacidad para combinar las energías de múltiples runas en un único símbolo cargado con una intención específica. El diseño puede adaptarse a las necesidades y deseos específicos del practicante, lo que la convierte en una herramienta altamente personalizada y eficaz en la magia y los rituales. Sin embargo, la eficacia de un sigilo de runa ligada depende de la concentración y la intención del practicante, así como de su conexión con la energía y el simbolismo de las runas utilizadas para crearlo.

## Elaboración de runas ligadas: Guía paso a paso

Elaborar su propia runa ligada es un proceso divertido y creativo que puede aportarle una sensación de empoderamiento y ayudarle con rituales específicos en su práctica. Antes de empezar a garabatear runas en un trozo de papel, debe comprender los significados de cada runa individual. Mezclar las equivocadas puede tener consecuencias imprevistas o incluso anular el resultado previsto. Sin embargo, no deje que esto le intimide. La mejor forma de aprender es haciendo, y la práctica hace al maestro. Empiece con un sigilo sencillo de dos runas para un objetivo a corto plazo, y no tema experimentar. Mire otras runas de unión hechas por expertos, analícelas y vea cómo funcionan. Hay muchos alfabetos rúnicos entre los que elegir, pero como principiante, el Futhark antiguo es el más común para empezar. Una vez que haya adquirido un conocimiento suficiente de las runas, siga esta guía paso a paso. Recuerde, las posibilidades son infinitas, así que deje fluir su creatividad y ¡diviértase!

### 1. Visualice el resultado deseado

Antes de empezar a elegir runas, tómese un tiempo para visualizar lo que quiere conseguir y los pasos que debe dar para lograrlo. Una vez que tenga una imagen clara de su objetivo, podrá elegir las runas que correspondan a su resultado deseado. Recuerde prestar atención a los significados de cada runa individual y cómo pueden trabajar juntas para crear un sigilo poderoso.

Digamos que quiere crear una runa ligada para el éxito en su búsqueda de empleo. El primer paso sería visualizar cómo es el éxito en su búsqueda de empleo. Quizá sea conseguir el trabajo de sus sueños, o quizá sea simplemente conseguir más entrevistas. Una vez que tenga una imagen clara del resultado deseado, considere qué cualidades o atributos necesita para tener éxito. Por ejemplo, puede que necesite confianza en sí mismo, habilidades de comunicación o capacidad para establecer contactos. A continuación, puede elegir runas que representen esas cualidades y combinarlas en una runa ligada que represente su objetivo.

### 2. Seleccione las Runas

Cuando seleccione las runas para su runa ligada, tómese un tiempo para considerar realmente cada una y sus significados. Este paso es crucial, ya que cada runa que elija influirá en la intención general y la eficacia de su runa de ligadura. Un consejo útil es investigar las runas y sus significados. Dedique algún tiempo a comprender el simbolismo que hay detrás de cada runa y cómo se han utilizado históricamente. Esto le ayudará a tomar decisiones más informadas a la hora de seleccionar qué runas incluir en su runa de ligadura.

También debe evitar complicar demasiado las cosas. Para los principiantes, es mejor limitar sus opciones a dos o tres runas, e incluso para los practicantes más experimentados, suele ser mejor mantenerlo simple con cinco como máximo. De este modo, podrá asegurarse de que cada runa que incluya tenga un propósito claro y contribuya al objetivo general de su runa de ligadura.

Por ejemplo, si su objetivo es conseguir un nuevo trabajo, podría seleccionar las runas que representan el éxito, la comunicación y la prosperidad. En este caso, podría elegir las runas Raidho (que simboliza los viajes y los desplazamientos), Ansuz (que representa la comunicación y la inspiración) y Fehu (que significa riqueza y prosperidad). Juntas, estas tres runas crearían una runa de unión que se centra en la búsqueda del éxito y la prosperidad.

### 3. Cree su diseño

Ahora que ha seleccionado las runas que mejor se adaptan a su intención, es el momento de crear su propia runa de ligadura única. Coja papel y bolígrafo y empiece a dibujar todas las combinaciones que pueda. No se preocupe por cometer errores; se trata de un proceso creativo y no hay una forma correcta o incorrecta de hacerlo. Si se siente atascado, tómese un descanso y haga otra cosa para despejar la mente. A veces el diseño perfecto vendrá a usted de forma inesperada, como en un sueño o mientras da un paseo. Cuando vuelva a sus bocetos, elija los que más le resuenen. Mírelos más de cerca para ver si han aparecido runas ocultas o invertidas, ya que éstas pueden afectar al propósito de su hechizo.

Continuando con el ejemplo anterior, puede crear un diseño para su runa ligada creando una línea horizontal con la runa Raidho en el extremo izquierdo, la runa Ansuz en el centro y la runa Fehu en el extremo derecho. O, para añadir una capa extra de significado, las tres runas también podrían colocarse verticalmente, con Raidho en la parte superior, Ansuz en el centro y Fehu en la parte inferior. Esta disposición puede representar un viaje hacia la prosperidad, en el que la comunicación y la inspiración desempeñan un papel crucial para alcanzar el éxito.

**4. Seleccione el material**

Elegir el material adecuado para su runa ligada es un paso esencial del proceso. El material que utilice puede tener un impacto significativo en la eficacia de la runa ligada. Al seleccionar el material, debe tener en cuenta el propósito de su runa ligada y cómo pretende utilizarla. Si la está creando para un objetivo a largo plazo, lo mejor es elegir un material que pueda resistir la prueba del tiempo, como la piedra o la madera. Estos materiales se han utilizado durante siglos en prácticas mágicas y son conocidos por su durabilidad. Por otro lado, si su runa ligada es para un objetivo a corto plazo, puede bastar con papel normal o cartón.

Al seleccionar el material, también debe tener en cuenta cómo piensa utilizar la runa ligada. Si desea llevarla como collar, puede utilizar un pequeño trozo de madera o piedra y atarle una cadena o un cordel. Alternativamente, si quiere colgarla en la pared, puede utilizar un trozo de lienzo o papel y crear una hermosa obra de arte. Elija lo que elija, asegúrese de que sea práctico y fácil de llevar o exponer.

## Consagrar su runa ligada

Antes de lanzarse al proceso de consagrar su runa ligada, necesita aprender más sobre la energía elemental y su significado. Según las creencias ancestrales, los elementos de Tierra, Aire, Fuego y Agua son los bloques de construcción del universo, y cada uno de estos elementos es portador de una energía única que puede aprovecharse con fines mágicos.

Existen varios métodos de activación a la hora de consagrar su runa ligada. Una forma es grabar o dibujar su runa ligada en un material asociado a un elemento. Por ejemplo, si quiere infundir a su runa ligada la energía del Fuego, puede grabarla en un trozo de madera y luego quemarla en una hoguera para liberar la energía.

Otra forma es crear un ritual con símbolos y herramientas elementales. Puede utilizar velas, incienso y cristales para representar los distintos elementos y crear un espacio sagrado para su ritual. Por ejemplo, puede encender una vela verde para la Tierra, una amarilla para el Aire, una roja para el Fuego y una azul para el Agua para simbolizar los cuatro elementos y sus energías.

También puede cargar su runa ligada con energía elemental a través de la visualización y la meditación. Esto implica visualizar la energía del elemento que desea infundir en su runa ligada y meditar sobre ella. Por ejemplo, supongamos que quiere cargar su runa ligada con la energía del agua. En ese caso, puede visualizarse de pie bajo una cascada, sintiendo cómo el agua fresca le baña y llena su runa ligada con su energía.

Consagrar su runa ligada es una parte esencial del ritual en el paganismo nórdico. Se cree que el acto de consagración imbuye a su runa ligada de poder divino y la convierte en un objeto sagrado. Al hacerlo, está invitando a las deidades a bendecir y dar poder a su runa ligada, aumentando la eficacia de su hechizo.

## Ponga su runa ligada a trabajar

Ahora que ha creado y consagrado su runa ligada, es el momento de ponerla a trabajar. Dependiendo de su intención y creatividad, hay numerosas formas de utilizar su runa ligada. Puede llevarla como joya, llevarla en el bolsillo o colgarla en su espacio de trabajo. Puede incorporarla a su meditación diaria o colocarla en su altar. Las posibilidades son infinitas, y la clave está en encontrar lo que mejor funcione para usted y su propósito. Utilizar su runa ligada de forma constante invita a su energía y poder a su vida, creando una potente herramienta para la manifestación y la transformación. He aquí algunas ideas que puede considerar:

- Pruebe a crear un collar o una pulsera con su runa ligada y llévela como talismán para llevar su energía consigo a lo largo del día.
- Dibuje o pinte su runa ligada en un lienzo o trozo de madera y cuélguela en su casa o lugar de trabajo como recordatorio constante de su intención.

- Puede tallar su runa ligada en una vela y encenderla siempre que necesite un impulso de energía o un recordatorio de su intención.
- Medite sobre su runa ligada, visualizando su energía fluyendo por su cuerpo y dando vida a su intención.
- Si tiene un altar o un espacio sagrado, puede colocar su runa ligada en él como punto focal de su intención.
- Incorpore su runa ligada a otros conjuros, utilizando su energía para mejorar sus hechizos.
- Si lleva un diario o grimorio, puede incluir su runa ligada en él como registro de su intención y recordatorio de su magia.
- Cree una pequeña bolsa llena de hierbas, cristales y otros artículos que correspondan a su intención, e incluya en ella su runa ligada para añadir energía.
- Utilice su runa ligada como símbolo en las lecturas del tarot o en otras prácticas adivinatorias, obteniendo así información sobre su intención y su manifestación.

Las runas ligadas y los sigilos son herramientas poderosas en el paganismo nórdico. Le proporcionan una forma de enfocar y manifestar sus intenciones. Al trabajar con runas ligadas, la clave está en seleccionar las runas adecuadas, diseñar un símbolo único y consagrarlo adecuadamente, para crear un talismán poderoso que refleje sus deseos más profundos. Aunque este capítulo proporciona una base sólida para crear sus propias runas ligadas y sigilos, siempre hay algo más que aprender y explorar. No tema experimentar con distintos materiales, símbolos y técnicas para encontrar lo que mejor le funcione. Recuerde que el verdadero poder de las runas de encuadernación procede de su interior.

# Capítulo 10: Stadhagaldr: Yoga rúnico

Las runas ocupan un lugar sagrado en el paganismo nórdico, ya que no sólo representan un sistema de adivinación, sino también poderosos símbolos de los dioses y el cosmos. La tradición nórdica de las runas está profundamente conectada con las fuerzas primigenias de la naturaleza, los misterios de la vida y el reino espiritual. Con el tiempo, las runas han evolucionado desde su uso original como alfabeto hasta convertirse en una potente herramienta para la transformación personal y el crecimiento espiritual. Una forma de aprovechar el poder transformador de las runas es a través de la práctica del yoga rúnico. El yoga rúnico, o Stadhagaldr, es una fusión de yoga y simbolismo rúnico que le permite profundizar en su conexión con lo divino y liberar todo su potencial.

Consiste en utilizar posturas físicas que encarnan la energía y el significado de cada una de las veinticuatro runas del Futhark Antiguo. Cada postura representa una runa específica y, a medida que se desplaza por las posturas, conecta con las energías de las runas, creando una poderosa transformación en su interior. Esta práctica se ha utilizado durante siglos como herramienta para el crecimiento espiritual. Este capítulo explorará el concepto del yoga rúnico, sus orígenes y cómo puede utilizarse para profundizar su conexión con lo divino y desbloquear todo su potencial. Conocerá los numerosos beneficios de esta práctica, las diferentes posturas rúnicas y cómo practicarla.

# El nacimiento de Stadhagaldr

Los orígenes de Stadhagaldr se remontan a la década de 1930, una época en la que el interés por los antiguos signos rúnicos estaba en su apogeo. Lingüistas, místicos y practicantes trataban de encontrar aplicaciones prácticas para los antiguos símbolos. Dos científicos alemanes, Friedrich Bernhard Marby y Siegfried Adolf Kummer, creían que las runas eran instrucciones para una gimnasia meditativa, similar al hatha yoga.

La teoría de Marby y Kummer tenía incluso una base científica, fundamentada en hallazgos arqueológicos reales, como las antiguas figuras mágicas alemanas de *alrauns*, que se fabricaban como amuletos, y las imágenes escultóricas de los famosos cuernos dorados encontrados en el sur de Jutlandia. Estas imágenes representan a personas en posturas que imitan determinadas runas, y fueron los cuernos dorados de Gallehus los que inspiraron el desarrollo del yoga rúnico.

Marby creía que con la ayuda de la "gimnasia rúnica" o la "danza rúnica" se podía acceder a zonas inaccesibles a la percepción de una persona corriente, entrar en contacto con fuerzas superiores e influir en los procesos cósmicos. Kummer creía que la magia rúnica permitía controlar los flujos de energía del espacio adoptando la postura rúnica correcta y ajustando la percepción con la ayuda de sonidos especiales.

El nombre *Stadhagaldr* procede de las palabras en nórdico antiguo "*stadha*", que significa estar de pie, y "*galdr*", que significa cantar o encantar. Aunque el uso de ciertas posturas, gestos y el canto de runas no fueron inventados por Marby o Kummer, redescubrieron la tradición olvidada de la magia nórdica.

La combinación única de prácticas físicas y espirituales del Stadhagaldr lo convierte en una poderosa herramienta de crecimiento y transformación personal. Es una parte significativa de la herencia pagana nórdica, que refleja la profunda conexión entre el pueblo nórdico y el mundo natural. Hoy en día, el Stadhagaldr sigue siendo una parte importante de la comunidad pagana moderna, ofreciendo a los practicantes una forma de conectar con lo divino y explorar el poder de las runas.

# Beneficios del yoga rúnico

La práctica del Stadhagaldr está profundamente arraigada en el paganismo nórdico y refleja la profunda conexión entre el antiguo pueblo nórdico y el mundo natural. Uno de los beneficios más significativos del yoga rúnico es su capacidad para ayudar a los practicantes a aprovechar el poder transformador de las runas. En el paganismo nórdico, las runas se consideran símbolos sagrados que representan las fuerzas primigenias de la naturaleza, los misterios de la vida y el reino espiritual. A través de la práctica del yoga rúnico, las personas pueden profundizar su conexión con estos poderosos símbolos, desbloquear todo su potencial y acceder al conocimiento oculto.

Otro beneficio del yoga rúnico es su capacidad para promover la salud física y el bienestar. Las posturas tradicionales de yoga son bien conocidas por su capacidad para aumentar la flexibilidad, desarrollar la fuerza y mejorar la forma física en general. Cuando se combinan con el poder transformador de las runas, estos beneficios físicos pueden potenciarse aún más, promoviendo un sentido más profundo de conexión entre el cuerpo, la mente y el espíritu.

Además de sus beneficios físicos, el yoga rúnico es también una poderosa herramienta para el bienestar mental y emocional. La respiración profunda y la meditación que implica pueden calmar la mente y promover la relajación. Esto puede ser especialmente útil para las personas que sufren estrés, ansiedad o depresión, ya que proporciona una forma de conectar con lo divino y encontrar la paz y el equilibrio en medio del caos de la vida cotidiana.

Para aquellos interesados en explorar su espiritualidad, el yoga rúnico puede ser una forma excelente de conectar con lo divino y explorar los misterios del universo. En el paganismo nórdico, el mundo natural se considera sagrado, y las runas se ven como una forma de conectar con las fuerzas espirituales que gobiernan el cosmos. A través del yoga rúnico, los individuos pueden conectar con estas fuerzas, obteniendo una comprensión más profunda del universo y de su lugar en él.

Otro de los beneficios únicos del yoga rúnico es su capacidad para conectar a las personas con su herencia ancestral. Esta práctica está profundamente arraigada en el paganismo nórdico y refleja la sabiduría y los conocimientos ancestrales del pueblo nórdico. Para los individuos que tienen una conexión con su herencia nórdica, el Yoga Rúnico puede ser una forma excelente de explorar sus raíces culturales y conectar con sus antepasados.

## Diferentes posturas rúnicas

Las posturas rúnicas son posiciones físicas que corresponden a los diversos símbolos rúnicos y se cree que representan las fuerzas primigenias de la naturaleza, los misterios de la vida y el reino espiritual. Cada postura está diseñada para activar energías específicas y promover la transformación personal. Existe una gran variedad de posturas rúnicas, cada una con sus beneficios y simbolismo únicos. Algunas posturas están diseñadas para promover la fuerza y la estabilidad, mientras que otras pretenden cultivar el equilibrio mental y emocional. A continuación, encontrará algunas de las posturas rúnicas más comunes que se practican en el Stadhagaldr.

### 1. Fehu - Ganado o riqueza

La postura Fehu es una poderosa postura rúnica que representa el ganado o la riqueza y se asocia con la abundancia y la prosperidad. Esta postura puede realizarse combinando varias asanas de yoga tradicionales, entre ellas Tadasana (Postura de la montaña) y Utkatasana (Postura de la silla). Para realizar la postura Fehu, siga estos pasos:

- Póngase recto con los pies separados a la anchura de las caderas, con los dedos hacia delante.
- Apoye los pies firmemente en el suelo y active los músculos centrales.
- Levante los brazos por encima de la cabeza, con las palmas de las manos enfrentadas.
- Entrelace los dedos y estire los brazos hacia el cielo.
- Inhale profundamente y, al exhalar, doble las rodillas y póngase en cuclillas.
- Mantenga los brazos estirados por encima de la cabeza y continúe entrelazando los dedos.
- Mantenga la postura durante unas cuantas respiraciones, centrándose en enraizarse y conectar con la tierra.
- En la siguiente inspiración, levántese de la sentadilla, estirando las piernas y levantando los talones del suelo.

- Mantenga la posición durante unas cuantas respiraciones.
- Baje los talones de nuevo al suelo en la siguiente exhalación, soltando las manos a los lados.

La postura Fehu combina el enraizamiento y la estabilidad de la Tadasana con el movimiento hacia delante de la Utkatasana para crear una postura que promueve tanto la fuerza como la abundancia. Al ponerse en cuclillas y elevarse sobre las puntas de los pies, la postura Fehu activa la energía de la abundancia y la prosperidad, ayudando a manifestar el bienestar material y físico.

La postura Fehu comparte algunas similitudes con la práctica tradicional china del Qigong. Ambas prácticas combinan movimientos físicos y trabajo respiratorio para promover el bienestar físico y material, y ambas se basan en la sabiduría ancestral de sus respectivas culturas.

### 2. Uruz - Los uros o la fuerza

La postura del Uruz es una potente postura rúnica utilizada en el yoga rúnico, que simboliza la fuerza primigenia del buey salvaje y se asocia con la vitalidad, el coraje y la pasión. La postura requiere combinar asanas de yoga tradicionales, incluyendo Virabhadrasana I (Guerrero I) y Utkatasana (Postura de la silla). He aquí cómo realizar la postura del Uruz:

- Póngase recto con los pies separados a la anchura de las caderas, con los dedos hacia delante.
- Mueva el pie derecho un paso hacia atrás en posición de estocada, doblando la rodilla izquierda en un ángulo de 90 grados mientras mantiene la pierna derecha estirada.
- Levante los brazos por encima de la cabeza con las palmas enfrentadas.
- Inhale profundamente y exhale mientras se hunde más en la estocada, bajando las caderas hacia el suelo.
- Mientras mantiene los brazos estirados por encima de la cabeza, levántelos a través de las puntas de los dedos y concéntrese en la sensación de fuerza y potencia.
- Mantenga la posición durante unas cuantas respiraciones.
- Inhale y levántese de la estocada, estirando ambas piernas y bajando los brazos a los lados.

- Repita la postura en el lado opuesto moviendo el pie izquierdo un paso hacia atrás en posición de estocada y levantando los brazos por encima de la cabeza.

Al combinar las asanas tradicionales de yoga del Guerrero y la Postura de la Silla, la postura del Uruz crea una experiencia poderosa y enraizada que le permite conectar con la fuerza primigenia del buey salvaje. Esta postura comparte similitudes con otras prácticas de yoga que se centran en la fuerza y la estabilidad, como la serie del guerrero en Vinyasa yoga. Sin embargo, la incorporación del simbolismo rúnico en la postura del Uruz añade una capa adicional de significado e intención a la práctica, permitiendo una exploración más profunda de los aspectos espirituales y energéticos de la postura.

### 3. Thurisaz - Espina o protección

La postura Thurisaz es una potente postura rúnica utilizada en el yoga rúnico, que representa el poder de la espina o el martillo del dios del trueno Thor. Se asocia con la protección, el valor y la capacidad de superar obstáculos. Para realizar la postura Thurisaz, se requiere una combinación de asanas de yoga tradicionales, incluyendo Virabhadrasana II (Guerrero II) y Utthita Trikonasana (Postura del triángulo extendido). Siga estos pasos:

- Comience en posición de pie con los pies separados a la anchura de las caderas y los brazos a los lados.
- Mueva el pie izquierdo tres o cuatro pies hacia atrás, con los dedos del pie izquierdo girados hacia fuera en un ángulo de 45 grados.
- Alinee el talón derecho con el arco central del pie izquierdo.
- Inhale profundamente y luego exhale mientras dobla la rodilla derecha, manteniéndola directamente por encima del tobillo.
- Al exhalar, gire el torso hacia la derecha, extendiendo los brazos rectos desde los hombros, con las palmas hacia abajo.
- Active los músculos centrales y centre la mirada en la mano derecha, imaginándose que empuña el poder del martillo de Thor.
- Inhale profundamente y, al exhalar, extienda la mano derecha hacia delante, más allá de la rodilla derecha y en dirección al suelo.

- Extienda el brazo izquierdo hacia el techo, manteniendo ambos brazos en línea con los hombros.
- Mantenga la postura durante varias respiraciones, centrándose en la energía de la protección, el valor y la superación de obstáculos.
- Inhale y enderece la rodilla derecha, luego suelte los brazos y adelante el pie izquierdo para volver a la posición de pie.
- Repita la postura en el lado opuesto llevando el pie derecho hacia atrás y girando el torso hacia la izquierda.

La postura Thurisaz del yoga rúnico comparte similitudes con la tradicional Guerrero II y la Postura del triángulo extendido del hatha yoga. Sin embargo, la incorporación del simbolismo rúnico y la intencionalidad añade una capa más profunda de significado y propósito a la práctica, permitiendo una experiencia más holística y transformadora.

**4. Ansuz - Odín o Sabiduría**

La postura Ansuz del yoga rúnico representa la comunicación divina y la claridad de pensamiento. Combina asanas de yoga tradicionales como Tadasana (Postura de la montaña) y Ardha Uttanasana (Media flexión hacia delante) con simbolismo rúnico para fomentar la introspección y una comunicación poderosa. He aquí los pasos para realizar la postura del Ansuz:

- Póngase de pie con los pies separados a la anchura de las caderas y los brazos a los lados.
- Inspire profundamente y exhale mientras levanta los brazos por encima de la cabeza, entrelazando los dedos y apuntando los dedos índices hacia el cielo.
- Vuelva a inhalar profundamente y exhale mientras se inclina hacia la derecha, manteniendo los brazos rectos y las manos entrelazadas.
- Mantenga la postura durante unas cuantas respiraciones, imaginando el aliento de la vida fluyendo a través de usted y llenándole de inspiración y claridad de pensamiento.
- Inhale profundamente y vuelva al centro, luego exhale y repita la postura, esta vez inclinándose hacia la izquierda.
- Suelte las manos y llévelas de nuevo a los costados.

- Inhale profundamente y luego exhale mientras se lanza hacia delante por las caderas, manteniendo la espalda plana y la mirada al frente.
- Al exhalar, imagínese hablando con confianza y poder, permitiendo que la energía de la runa Ansuz fluya a través de usted.
- Mantenga la postura durante varias respiraciones, luego inhale profundamente y vuelva a la posición de pie.
- Repita la postura unas cuantas veces más, centrándose en la intención de claridad de pensamiento, inspiración y comunicación poderosa.

La postura del Ansuz en el yoga rúnico es similar a las asanas tradicionales del yoga como la postura de la montaña y la media flexión hacia delante, que proporcionan una base de apoyo a la vez que fomentan la introspección y la comunicación. Sin embargo, la adición del simbolismo rúnico y el establecimiento de intenciones aporta un aspecto espiritual más profundo a la práctica. Al incorporar la energía de la runa Ansuz, los practicantes pueden conectar con lo divino y aprovechar su propio poder de expresión y comunicación.

### 5. Raidho - Rueda o viaje

La postura del Raidho en el yoga rúnico es dinámica y enérgica, y representa el viaje de la vida. Se cree que aumenta la fuerza física y mental y promueve el equilibrio y la armonía tanto en el cuerpo como en la mente. Esta postura es especialmente útil para quienes desean emprender un nuevo viaje o realizar cambios significativos en su vida. Para practicar esta postura, siga estos pasos:

- Comience de pie con los pies separados a la altura de los hombros y los brazos levantados por encima de la cabeza.
- Junte las manos con fuerza con los dedos índices apuntando hacia arriba.
- Respire hondo y centre su intención en su viaje, visualizando el camino que tiene por delante.
- Exhale y comience a girar el torso hacia la derecha, manteniendo los brazos y las manos levantados.
- Pivote el pie izquierdo en el suelo para girar todo el cuerpo.

- Mantenga esta posición durante unas cuantas respiraciones, luego inhale y vuelva al centro.
- Repita el movimiento de giro hacia el lado izquierdo, pivotando esta vez sobre el pie derecho.
- Concéntrese en su respiración y permita que la energía de la runa Raidho le guíe.

La postura del Raidho tiene similitudes con varias asanas tradicionales del yoga, entre ellas la Postura de la Silla Retorcida y la Postura del Guerrero II. Al igual que estas posturas, la postura del Raidho promueve la fuerza, la estabilidad y el equilibrio del cuerpo. Sin embargo, añadir el simbolismo rúnico y el establecimiento de intenciones aporta un aspecto único a la práctica.

### 6. Kenaz - Antorcha o iluminación

Kenaz, la runa de la antorcha o la iluminación, se asocia con el conocimiento, la creatividad y la transformación. La postura rúnica asociada a Kenaz incorpora varias asanas de yoga que estimulan el sistema nervioso y mejoran la concentración mental. Esta postura se utiliza a menudo para acceder a estados más profundos de creatividad e inspiración, lo que la convierte en una valiosa herramienta para artistas y escritores. Para realizar la postura del Kenaz, siga estos pasos:

- Comience de pie con los pies separados a la altura de los hombros y los brazos a los lados.
- Respire hondo y levante los brazos por encima de la cabeza, juntando las palmas en posición de oración.
- Inhale y levante los talones del suelo, equilibrándose sobre las puntas de los pies.
- Exhale y baje los talones, llevando las palmas de las manos al corazón.
- Al inhalar, extienda los brazos hacia delante, manteniendo las palmas de las manos juntas y la mirada fija en las puntas de los dedos.
- Exhale y baje lentamente los brazos hacia el corazón.
- Repita los pasos 5 y 6 varias veces, dejando que el movimiento fluya con su respiración.

- Mientras continúa moviéndose, visualice la antorcha de Kenaz iluminando su chispa creativa interior y guiándole hacia una mayor inspiración y comprensión.

La postura del Kenaz comparte algunas similitudes con prácticas tradicionales de yoga como la Postura del Árbol (Vrikshasana) y el Guerrero I (Virabhadrasana I), ya que requiere equilibrio y concentración. Sin embargo, su combinación única de movimientos y su enfoque en la iluminación la distinguen como una poderosa herramienta para acceder a la creatividad y la perspicacia.

El yoga rúnico es una práctica única y poderosa que combina posturas físicas, técnicas de respiración y simbolismo rúnico para el crecimiento personal y la transformación espiritual. Está profundamente arraigado en el paganismo nórdico, reflejando la conexión entre la naturaleza y el pueblo nórdico. A través del yoga rúnico, puede acceder a la sabiduría y la fuerza de sus antepasados, desbloqueando nuevos niveles de autoconciencia y perspicacia. La práctica ofrece un camino hacia una mayor comprensión de uno mismo y del mundo, desbloqueando todo su potencial. El poder del yoga rúnico debe ser honrado y abrazado por sus efectos transformadores en la vida de las personas. Es una potente herramienta que conecta a los individuos con el poder divino interior y ofrece una vía hacia una sanación más profunda y una inspiración creativa.

# Glosario de términos

**Ásatrú** - Un renacimiento moderno del paganismo nórdico que se centra en el culto a los æsir, el panteón de dioses y diosas de la mitología nórdica. Los seguidores del Ásatrú buscan conectar con el mundo natural y los espíritus de sus antepasados a través de rituales, meditación y devoción personal. Ha ganado popularidad en las últimas décadas como una forma de conectar con sus raíces ancestrales para las personas de herencia nórdica o aquellas atraídas por la mitología y la cultura de los vikingos.

**Asgard** - El reino de los dioses æsir, asociado con la guerra, la fuerza y la sabiduría.

**El culto a los antepasados** consiste en honrar y comunicarse con los antepasados fallecidos en las religiones paganas. Implica mostrar respeto y gratitud hacia los antepasados haciendo ofrendas, realizando rituales y buscando su guía y sabiduría.

**Alfheim** - El reino de los elfos de la luz, asociado con la fertilidad, el crecimiento y la prosperidad.

**Blót** - Sacrificio ritual u ofrenda que se realiza típicamente para honrar a los dioses y diosas en el paganismo nórdico. El ritual suele implicar el sacrificio de un animal, que luego se cocina y se come como parte de un festín comunal. Otras ofrendas, como hidromiel, cerveza, pan o fruta, también pueden entregarse a los dioses durante la ceremonia.

**Eddas** - La fuente principal de la mitología nórdica y las creencias paganas, compuesta por la Edda Poética y la Edda en Prosa. La Edda Poética es una colección de poemas en nórdico antiguo que ofrece una visión de los dioses, héroes y mitos de la cultura nórdica, mientras que la Edda en Prosa, escrita por Snorri Sturluson en el siglo XIII, es una guía de mitología nórdica y técnicas poéticas.

**Einherjar** - Los guerreros elegidos por Odín para luchar a su lado en el Valhalla. Según la mitología nórdica, los einherjar eran elegidos entre los que morían valientemente en la batalla y eran llevados al Valhalla por las valquirias.

**Forn Siðr** - También conocido como Antiguo Camino o Antigua Tradición Nórdica, hace referencia a las prácticas religiosas tradicionales del antiguo pueblo nórdico antes de la introducción del cristianismo. Implica la veneración de deidades como Odín, Thor y Freyja y el uso de runas, magia y sacrificios rituales. El Forn Siðr sigue siendo practicado hoy en día por los paganos modernos que tratan de revivir y reconstruir las tradiciones de sus antepasados.

**Futhark** - Alfabeto rúnico utilizado en el paganismo nórdico, compuesto por 24 letras divididas en tres grupos de ocho. Las runas se utilizaban para escribir inscripciones en diversos objetos, como armas, amuletos y piedras rúnicas, y también se empleaban con fines adivinatorios y mágicos.

**Gyðja** - Sacerdotisa femenina en el paganismo nórdico que también dirige rituales y proporciona guía espiritual. Las gyðjas eran muy respetadas y estimadas por sus conocimientos, sabiduría y conexión con lo divino. A menudo servían como sanadoras, videntes e intermediarias entre los dioses y los mortales.

**Hávamál** - Colección de poemas en nórdico antiguo que contienen sabiduría y consejos atribuidos al dios Odín, utilizados a menudo como guía para el comportamiento ético en el paganismo nórdico. Consta de 164 estrofas, cada una de las cuales proporciona una visión sobre diversos aspectos de la vida, como la hospitalidad, la amistad, el amor y el honor. El Hávamál también incluye amuletos mágicos y hechizos a los que se atribuían poderes protectores.

**Helheim** - El reino de los muertos, gobernado por la diosa Hel y asociado con la muerte y la decadencia.

**Jötun** - Un gigante de la mitología nórdica, a veces venerado en el paganismo nórdico como una fuerza poderosa e impredecible de la naturaleza.

**Jotunheim** - El reino de los gigantes, asociado con el caos, la imprevisibilidad y el poder bruto.

**Jörmundgandr** - También conocida como la serpiente de Midgard. En la mitología nórdica, Jörmundgander es una gigantesca serpiente marina, uno de los tres hijos del dios Loki y la giganta Angrboða. Según la leyenda, Jörmundgandr creció tanto que podía rodear la tierra y sostenerse sobre su propia cola. Jörmundgandr era un archienemigo del dios Thor, y se decía que sus batallas eran acontecimientos cataclísmicos que sacudían la tierra y los mares. En la mitología nórdica, se dice que durante el Ragnarök, la batalla final, Jörmundgander y Thor se enfrentarían en un épico enfrentamiento que acabaría con la muerte de ambos.

**Landvættir** - Espíritus de la naturaleza o guardianes de la tierra en el paganismo nórdico, a menudo asociados con características naturales específicas como montañas, ríos o bosques. A menudo se les representa como seres de aspecto animal o figuras antropomórficas y tradicionalmente se les honraba con ofrendas y rituales para garantizar el bienestar de la tierra y sus habitantes.

**Midgard** - El reino de los humanos, también conocido como Tierra, donde ocurren la mayoría de los mitos y leyendas.

**Mjölnir** - El martillo de Thor, un símbolo comúnmente utilizado en el paganismo nórdico para representar la fuerza, la protección y el poder de los dioses.

**Níðstang** - Un poste inscrito con maldiciones o insultos, utilizado en el paganismo nórdico como forma de avergonzar o deshonrar a un enemigo o rival. La creencia era que la maldición traería la vergüenza y el deshonor a la persona objeto de la maldición, haciéndole perder su posición social y el respeto dentro de su comunidad.

**Niflheim** - El reino del hielo y la niebla, asociado con la oscuridad y la frialdad.

**Nueve reinos** - Los reinos de la cosmología nórdica, incluidos Asgard y Helheim, están habitados por diversos dioses, gigantes y otros seres sobrenaturales.

**Muspelheim** - El reino del fuego y el calor, asociado con la destrucción y la creación.

**Juramento** - Compromiso solemne realizado a menudo en el paganismo nórdico, en el que un individuo jura defender ciertos valores o cumplir con determinadas obligaciones.

**Ragnarök** - Una serie de acontecimientos catastróficos que conducirán finalmente al fin del mundo. Según la mitología nórdica, el Ragnarök comenzará con un largo y crudo invierno conocido como "Fimbulwinter", durante el cual el mundo se verá asolado por catástrofes naturales y guerras.

Finalmente, tendrá lugar la batalla final entre los dioses y los gigantes, conocida como la Batalla del Ragnarök. En esta batalla, muchos dioses y monstruos importantes morirán, y el mundo tal y como lo conocemos será destruido. El dios Odín será asesinado por el lobo gigante Fenrir, y Thor morirá tras matar a la serpiente de Midgard.

Tras la batalla, nacerá un nuevo mundo y los pocos dioses y humanos supervivientes empezarán de nuevo. Este nuevo mundo estará habitado por una nueva generación de dioses y humanos que vivirán en paz y armonía. En la mitología nórdica, el Ragnarök advierte sobre la impermanencia del mundo y la inevitabilidad del cambio y la renovación.

**Runas** - Símbolos utilizados en la adivinación y la magia en el paganismo nórdico, se cree que poseen poder espiritual y místico.

**Seiðr** - Una forma de magia nórdica asociada a menudo con las mujeres, que implicaba el uso del trance, el ritual y la adivinación para comunicarse con los espíritus y afectar al mundo natural. La práctica de la Seiðr era vista con recelo por algunos miembros de la sociedad nórdica, ya que se asociaba con el uso de la manipulación y el engaño para alcanzar los propios objetivos.

**Svartalfheim** - El reino de los elfos oscuros y los enanos, asociado con la artesanía y los tesoros ocultos.

**El Alto** - Un apodo para Odín, uno de los dioses principales del paganismo nórdico, asociado con la sabiduría, el conocimiento y la búsqueda del poder.

**Thurseblot** - Celebración del solsticio de invierno en el paganismo nórdico que implica el sacrificio de animales y la realización de ofrendas a los gigantes y otras fuerzas de la oscuridad. Esta fiesta implica el sacrificio de animales y la ofrenda de hidromiel u otras bebidas a los Jötnar.

**Týr** - Un dios asociado con la guerra y la justicia en el paganismo nórdico, a menudo representado como un guerrero con una sola mano que sacrificó su mano para atar al lobo gigante Fenrir.

**Valhalla** - Un gran salón en Asgard donde son llevados los guerreros caídos en la mitología nórdica y el paganismo, presidido por Odín y sus valquirias.

**Vanaheim** - El reino de los dioses Vanir, asociado con la fertilidad, la prosperidad y la magia.

**Vanir** - Grupo de dioses asociados con la fertilidad y la prosperidad en el paganismo nórdico, a menudo representados como poseedores de estrechas conexiones con el mundo natural.

**Ve** - El hermano de Odín y Vili, que ayudó a crear el mundo en la mitología nórdica y el paganismo y puede estar asociado con los poderes de la creación y la sabiduría.

**Völva** - Mujer vidente o profetisa en el paganismo nórdico, a menudo asociada con la práctica del Seiðr.

**Yggdrasil** - El árbol del mundo en la mitología nórdica y el paganismo, se cree que conecta los diferentes reinos de la existencia y sostiene el orden natural.

**Yule** - Celebración del solsticio de invierno en el paganismo nórdico que implica festejos, regalos y la quema de un tronco de Yule.

# Conclusión

A medida que se acerque al final de este libro, intente reflexionar sobre la rica herencia cultural de los pueblos nórdicos y su profunda reverencia por el mundo natural. Esta antigua tradición, impregnada de mitología y simbolismo, ofrece una gran riqueza de sabiduría e inspiración para quienes buscan conectar con sus raíces ancestrales y encontrar un sentido g a sus vidas. Me viene a la mente una cita del célebre escritor y mitólogo Joseph Campbell: "*Los mitos son sueños públicos, los sueños son mitos privados*". En muchos sentidos, el paganismo nórdico es un reflejo de esta idea. Los mitos y las historias de los dioses y diosas nórdicos no son sólo cuentos antiguos, sino sueños públicos transmitidos de generación en generación, que han dado forma a las creencias y prácticas de innumerables individuos a lo largo del tiempo. Pero, al mismo tiempo, la práctica del paganismo nórdico es también una experiencia profundamente personal y privada, ya que cada individuo busca conectar con los dioses y diosas a su manera y encontrar sentido y guía en su propia vida.

Una de las enseñanzas clave del paganismo nórdico es la importancia del equilibrio y la armonía en todas las cosas. Esto se refleja en cómo los dioses y diosas nórdicos encarnan la luz y la oscuridad, el orden y el caos, y los ciclos de nacimiento, crecimiento, decadencia y renacimiento inherentes al mundo natural. Al reflexionar sobre estas enseñanzas, encontrará inspiración para llevar el equilibrio y la armonía a su propia vida. Ya sea a través de la meditación y la atención plena, cultivando relaciones y hábitos saludables, o persiguiendo la expresión creativa y el crecimiento personal, hay muchas formas de alinearse con los ritmos naturales del mundo que le rodea.

Al mismo tiempo, el paganismo nórdico hace hincapié en la interconexión de todas las cosas. Desde la intrincada red de relaciones entre los dioses y las diosas hasta las profundas conexiones entre los humanos y el mundo natural, las personas forman parte de un todo mayor. En este espíritu de interconexión, debe tratar de cultivar la compasión, la empatía y el sentido de la responsabilidad por el mundo que le rodea. Ya sea a través del activismo medioambiental, el servicio a la comunidad o simplemente siendo amable con los que le rodean, puede influir positivamente en el mundo y contribuir al bienestar de sus semejantes.

El estudio del paganismo nórdico ofrece una visión fascinante de la rica herencia cultural de los pueblos nórdicos y de su profunda reverencia por el mundo natural. Esta antigua tradición le proporciona una gran riqueza de sabiduría. Que la sabiduría y las enseñanzas del paganismo nórdico le guíen en su viaje de autodescubrimiento y conexión con el mundo natural. Que encuentre el equilibrio y la armonía en todos los aspectos de su vida y cultive un sentido de interconexión y compasión que se extienda más allá de usted mismo ¡al mundo que le rodea!

# Vea más libros escritos por Mari Silva

## Su regalo gratuito

¡Gracias por descargar este libro! Si desea aprender más acerca de varios temas de espiritualidad, entonces únase a la comunidad de Mari Silva y obtenga el MP3 de meditación guiada para despertar su tercer ojo. Este MP3 de meditación guiada está diseñado para abrir y fortalecer el tercer ojo para que pueda experimentar un estado superior de conciencia.

https://livetolearn.lpages.co/mari-silva-third-eye-meditation-mp3-spanish/

### ¡O escanee el código QR!

# Referencias

**Primera Parte: Paganismo para principiantes**

'Celtic' reconstructionism? (s. f. ). Tairis.co.uk.

5 obscure pagan festivals around the world. (s. f.). Lonely Planet. https://www.lonelyplanet.com/articles/obscure-pagan-festivals-around-the-world

6 pagan festivals we still celebrate today. (s. f.). Sky HISTORY TV Channel. https://www.history.co.uk/articles/6-pagan-festivals-we-still-celebrate-today

Aburrow, Y. (20 de mayo de 2015). Paganism for Beginners - Overview. Dowsing for Divinity. https://www.patheos.com/blogs/sermonsfromthemound/2015/05/paganism-for-beginners1/

Adhikari, S. (22 de noviembre de 2017). Top 10 important events of Ancient Greece. Ancient History Lists. https://www.ancienthistorylists.com/greek-history/top-10-important-events-of-ancient-greece/

Aldhouse-Green, M. (13 de marzo de 2015). The Celtic myths: A guide to the ancient gods and legends. Irish Times. https://www.irishtimes.com/culture/books/the-celtic-myths-a-guide-to-the-ancient-gods-and-legends-1.2136919

Annwfn -. (s. f.). British Fairies. https://britishfairies.wordpress.com/tag/annwfn/

Ásatrú. (30 de abril de 2011). Religion Stylebook. https://religionstylebook.com/entries/asatru

BBC - wales - education - Iron Age Celts - factfile. (s. f.). BBC. https://www.bbc.co.uk/wales/celts/factfile/religion.shtml

Bealtaine rituals to celebrate the May festival. (1 de mayo de 2021). Hilda Carroll Holistic Interiors. https://www.hildacarroll.com/bealtaine-beltane/

Being Pagan; Being of the Land: Ecospirituality and Earth-Based Activities among Contemporary Pagans: Weave of reverence: Ritualizing Ecological Practice at Pagan Nature Sanctuaries. (s. f.). Harvard.edu. https://hds.harvard.edu/publications/being-pagan-being-land-ecospirituality-and-earth-based-activities-among-0

Beltane. (12 de agosto de 2015). By Land, Sea and Sky. https://thenewpagan.wordpress.com/beltane/

Berry, L. A. (15 de marzo de 2023). Who were the Druids? A history of Druidism in Britain. British Heritage. https://britishheritage.com/history/history-druids-britain

Broome, R. (30 de octubre de 2015). The story of Ceridwen. Ceridwencentre.co.uk; Ceridwen Centre. https://ceridwencentre.co.uk/the-story-of-ceridwen/

Cartwright, M. (2021a). Ancient Celtic religion. World History Encyclopedia. https://www.worldhistory.org/Ancient_Celtic_Religion/

Cartwright, M. (2021b). Lugh. World History Encyclopedia. https://www.worldhistory.org/Lugh/

Celtic gods. (s. f.). Mythopedia. https://mythopedia.com/topics/celtic-gods

Celtic religion - The Celtic gods. (s. f.). In Encyclopedia Britannica.

Celtic religion. (3 de julio de 2022). Roman Britain. https://www.roman-britain.co.uk/the-celts-and-celtic-life/celtic-religion/

Clan of the entangled thicket 1734. (s. f.). Blogspot.com. http://clanoftheentangledthicket.blogspot.com/2015/12/the-prediu-annwn-exploration.html

Cody. (17 de diciembre de 2011). What is paganism? Pagan Federation International. https://www.paganfederation.org/what-is-paganism/

Colagrossi, M. (27 de noviembre de 2018). 10 of the greatest ancient and pagan holidays. Big Think. https://bigthink.com/the-past/pagan-holidays/

Colcombe, R. (24 de julio de 2013). The evolution of the Cauldron into a grail in Celtic Mythology. I. M. H. O. https://medium.com/i-m-h-o/the-evolution-of-the-cauldron-into-a-grail-in-celtic-mythology-a96a41604e9f

Cove, C. (21 de febrero de 2018). The whole interesting history of the Tuatha de Danann: Ireland's most ancient race. ConnollyCove. https://www.connollycove.com/tuatha-de-danann/

Dagda. (s. f.). Mythopedia. https://mythopedia.com/topics/dagda

Duffy, K. (2000). Who were the Celts? Barnes & Noble.

Eilenstein, H. (2018). Cernunnos: Vom Schamanen zum Druiden Merlin. Books on Demand.

Festivals and celebrations - RE:ONLINE. (18 de abril de 2019). RE:ONLINE. https://www.reonline.org.uk/knowledge/paganism/festivals-and-celebrations/

Festivals and celebrations - RE:ONLINE. (18 de abril de 2019). RE:ONLINE. https://www.reonline.org.uk/knowledge/paganism/festivals-and-celebrations/

Fields, K. (14 de octubre de 2018). Daily Pagan Rituals: List of 30+ SIMPLE Everyday Traditions. Otherworldly Oracle. https://otherworldlyoracle.com/simple-daily-pagan-rituals/

Germanic paganism. (s. f.). Religion Wiki. https://religion.fandom.com/wiki/Germanic_paganism

Germanic religion and mythology - Mythology. (s. f.). In Encyclopedia Britannica

Hart, A. (s. f.). How To Find Your Patron Deity & If You Should Even Bother. The Traveling Witch. https://thetravelingwitch.com/blog/how-to-find-your-patron-deity-if-you-should-even-bother

Hellenism. (s. f.). Paganfed.org. https://www.paganfed.org/hellenism/

Hemingway, C. (1 C.E., 1 de enero). Greek gods and religious practices. The Met's Heilbrunn Timeline of Art History. https://www.metmuseum.org/toah/hd/grlg/hd_grlg.htm

How can I find and connect with others pagans, wiccans, and witches in my area? (s. f. ). Quora. https://www.quora.com/How-can-I-find-and-connect-with-others-pagans-wiccans-and-witches-in-my-area

Jarus, O. (23 de septiembre de 2022). The mysterious history of druids, ancient "mediators between humans and the gods." Livescience.com; Live Science. https://www.livescience.com/who-were-the-druids

JustCode. (s. f.). Creidhne - God of Metalworkers. - Irish God. Thewhitegoddess.co.uk. http://www.thewhitegoddess.co.uk/divinity_of_the_day/irish/creidhne.asp

King Arthur the voyager - by Katherine Langrish. (s. f.). Blogspot.com. http://the-history-girls.blogspot.com/2014/12/king-arthur-voyager-by-katherine.html

Langrish, K. (2016). Seven Miles of steel thistles: Essays on fairy tales. Greystones Press.

Litha / Midsummer. (9 de agosto de 2015). By Land, Sea and Sky. https://thenewpagan.wordpress.com/midsummer-litha/

Lugh. (s. f.). Mythopedia. https://mythopedia.com/topics/lugh

Lughnasadh / Lammas. (9 de agosto de 2015). By Land, Sea and Sky. https://thenewpagan.wordpress.com/lughnasadh-lammas/

Mabon / autumn equinox. (3 de septiembre de 2015). By Land, Sea and Sky. https://thenewpagan.wordpress.com/wheel-of-the-year/mabon-autumn-equinox/

McLean, A. P. J. (s. f.). The Germanic Tribes. Lumenlearning.Com. https://courses.lumenlearning.com/atd-herkimer-westerncivilization/chapter/the-germanic-tribes/

Meet the Slavs. (7 de noviembre de 2020). Slavic Magic: Rituals, Spells, and Herbs. Meet the Slavs. https://meettheslavs.com/slavic-magic/

Meet the Slavs. (13 de julio de 2021). Slavic Paganism: History and Rituals. Meet the Slavs. https://meettheslavs.com/slavic-paganism/

Meet the Slavs. (5 de julio de 2021). Top 6 Slavic Pagan Holidays. Meet the Slavs. https://meettheslavs.com/slavic-pagan-holidays/

My hellenismos 101. (s. f.). Hellenion.org. https://www.hellenion.org/essays-on-hellenic-polytheism/my-hellenismos-101/

Neal, C. F. (2015). Imbolc: Rituals, recipes and lore for Brigid's day. Llewellyn Publications.

No title. (s. f.-a). Study.com. https://study.com/academy/lesson/celtic-paganism-history-deities-facts-ancient-religion.html

No title. (s. f.-b). Study.com. https://study.com/learn/lesson/pantheism-religions-and-beliefs.html

O'Hara, K. (2 de enero de 2023). The Morrigan: The story of the fiercest goddess in Irish myth. The Irish Road Trip. https://www.theirishroadtrip.com/the-morrigan/

Oertel, K. (Ed.). (2015). Ásatrú: Die Rückkehr der Götter (3ra ed.). Edition Roter Drache.

Ostara / spring equinox. (16 de agosto de 2015). By Land, Sea and Sky. https://thenewpagan.wordpress.com/ostara-spring-equinox/

Rajchel, D. (2015). Samhain: Rituals, Recipes & Lore for Halloween. Llewellyn Publications. https://thenewpagan.wordpress.com/wheel-of-the-year/samhain/

Rune, S. (2015). Paganism: The ultimate guide to paganism, inlcuding Wicca, spirituality, spells & practises for a pagan life. Createspace Independent Publishing Platform.

Sacred texts: Wicca and Neo-Paganism. (s. f.). Sacred-texts.com. https://www.sacred-texts.com/pag/

slife. (10 de junio de 2020). Germanic Paganism. The Spiritual Life. https://slife.org/germanic-paganism/

Smith, D. (26 de marzo de 2016). Wiccan holidays: Celebrating the sun on the Sabbats. Dummies. https://www.dummies.com/article/body-mind-spirit/religion-spirituality/wicca/wiccan-holidays-celebrating-the-sun-on-the-sabbats-192774/

Sunshine, G. (4 de febrero de 2020). Wicca and eclectic Neo-Paganism: Beliefs and practices, emerging worldviews 22. Breakpoint. https://breakpoint.org/wicca-and-eclectic-neo-paganism-beliefs-and-practices-emerging-worldviews-22/

The Absolute Basics Paganism. (s. f.). Umass.edu.
https://www.umass.edu/rso/spirals/Site/Paganism_101.html

The Current Chief, The Former Chief, & Patroness, O. (2019a, November 27). Druid beliefs. Order of Bards, Ovates & Druids; OBOD.
https://druidry.org/druid-way/beliefs

The Current Chief, The Former Chief, & Patroness, O. (2019b, November 27). History of the druids. Order of Bards, Ovates & Druids; OBOD.
https://druidry.org/druid-way/what-druidry/a-longer-history

The Hellenistic period-cultural & historical overview. (14 de junio de 2018). Department of Classics.
https://www.colorado.edu/classics/2018/06/14/hellenistic-period-cultural-historical-overview

The old Nordic religion today. (s. f.). National Museum of Denmark.
https://en.natmus.dk/historical-knowledge/denmark/prehistoric-period-until-1050-ad/the-viking-age/religion-magic-death-and-rituals/the-old-nordic-religion-today/

The Pagan year. (s. f.). BBC.
https://www.bbc.co.uk/religion/religions/paganism/holydays/year.shtml

The Witch is In. (s. f.). Tumblr.
https://herecomesthewitch.tumblr.com/post/157912148899/laurels-guide-to-grimoires

The. (10 de agosto de 2018) Neo-paganism offers something old and something new. Economist (London, England: 1843).
https://www.economist.com/erasmus/2018/08/10/neo-paganism-offers-something-old-and-something-new

Thomas, P. V. (s. f.). Ancient Celtic Religion. Tutorialspoint.com.
https://www.tutorialspoint.com/ancient-celtic-religion

V. (2018). Morrigan. Independently Published.

What is Asatru? (4 de diciembre de 2013). Gotquestions.org.
https://www.gotquestions.org/Asatru.html

Wheel of the Year. (22 de junio de 2013). The Celtic Journey.
https://thecelticjourney.wordpress.com/the-celts/wheel-of-the-year/

Wheel of the Year: The 8 Wiccan holiday festivals - Wicca Academy. (n.d.).
https://wiccaacademy.com/wheel-of-the-year/

Who were the Druids? (21 de marzo de 2017). Historic UK.
https://www.historic-uk.com/HistoryUK/HistoryofWales/Druids/

Wigington, P. (19 de agosto de 2007). Hellenic Polytheism and the Reconstruction of Greek Paganism. Learn Religions.
https://www.learnreligions.com/about-hellenic-polytheism-2562548

Wigington, P. (2007a, 24 de junio). The legend of Lugh, the Celtic craftsman god. Learn Religions. https://www.learnreligions.com/lugh-master-of-skills-2561970

Wigington, P. (2007b, 19 de septiembre). Brighid, the hearth goddess of Ireland. Learn Religions. https://www.learnreligions.com/brighid-hearth-goddess-of-ireland-2561958

Wigington, P. (2008a, 2 de noviembre). The Morrighan. Learn Religions. https://www.learnreligions.com/the-morrighan-of-ireland-2561971

Wigington, P. (2008b, 13 de diciembre). Cernunnos, the wild Celtic god of the Forest. Learn Religions. https://www.learnreligions.com/cernunnos-wild-god-of-the-forest-2561959

Wigington, P. (2009, 7 de agosto). Pagan gods and goddesses. Learn Religions. https://www.learnreligions.com/pagan-gods-and-goddesses-2561985

Wigington, P. (2009a, 4 de agosto). The Dagda, the father god of Ireland. Learn Religions. https://www.learnreligions.com/the-dagda-father-god-of-ireland-2561706

Wigington, P. (2009b, 5 de agosto). 10 Celtic deities you should know. Learn Religions. https://www.learnreligions.com/gods-of-the-celts-2561711

Wigington, P. (2012, 20 de junio). Resources for Celtic pagans. Learn Religions. https://www.learnreligions.com/resources-for-celtic-pagans-2562555

Wigington, P. (s. f.). The 10 Most Important Slavic Gods. ThoughtCo. https://www.thoughtco.com/slavic-gods-4768505

wikiHow. (2011, 30 de julio). How to Set up a Simple Pagan or Wiccan Altar. WikiHow. https://www.wikihow.com/Set-up-a-Simple-Pagan-or-Wiccan-Altar

Wright, M. S. (2013, 23 de enero). Ideas for Celebrating Pagan Holidays With Family and Children. Exemplore. https://exemplore.com/paganism/Imbolc-for-Pagan-Families-Ideas-for-Celebrating-with-Children

Yule / Midwinter. (2015, 27 de agosto). By Land, Sea and Sky. https://thenewpagan.wordpress.com/wheel-of-the-year/yule-midwinter/

ztevetevans. (2021, 30 de abril). Celtic lore: Cauldrons - the magical, the mythical and the real. Under the Influence! https://ztevetevans.wordpress.com/2021/04/30/celtic-lore-cauldrons-the-magical-the-mythical-and-the-real

**Segunda Parte: Paganismo nórdico**

6 types of spirit guides & how to communicate with them. (2015, January 23). Mindbodygreen. https://www.mindbodygreen.com/articles/types-of-spirit-guides

Aburrow, Y. (n.d.). utiseta -. Dowsing for Divinity. https://dowsingfordivinity.com/tag/utiseta/

Aletheia. (2016, March 10). Scrying: How to practice the ancient art of second sight (with pictures). LonerWolf. https://lonerwolf.com/scrying/

Aletheia. (2018, February 5). 7 types of spirit guides (& how to connect with them). LonerWolf. https://lonerwolf.com/spirit-guides/

Ancient Roots, Historical Challenges. (n.d.). Pluralism.Org. https://pluralism.org/ancient-roots-historical-challenges

Anne C. Sørensen, R. M. J. H. (n.d.). Runes. Vikingeskibsmuseet i Roskilde. https://www.vikingeskibsmuseet.dk/en/professions/education/viking-age-people/runes

Ásatrú Definitions for Journalists. (n.d.). Norsemyth.org. https://www.norsemyth.org/2013/09/asatru-definition-for-journalists.html

Asatru Holidays. (n.d.). Thetroth.org. https://thetroth.org/resources/norse-pagan-holidays

Athar, K., Fey, T., Mabanta, D., Brian, P., Jackson, L., Damian, D. D., Scheucher, A., Paler, J., & Brown, J. (2020, August 21). What is shamanic breathwork and how is it used? Ideapod. https://ideapod.com/shamanic-breathwork/

Brethauer, A. (2021, September 10). Bind runes discover their simple and powerful Norse magic. The Peculiar Brunette; Amanda Brethauer. https://www.thepeculiarbrunette.com/bind-runes/

Byatt, A. S. (2011). Ragnarok: The end of the gods. Canongate Books. https://norse-mythology.org/tales/ragnarok/

Campbell, H. (2020, February 15). What is asatru? VikingStyle. https://viking-styles.com/blogs/history/what-is-asatru

Chambers, J. (2019, December 7). Ásatrú - Iceland's fastest growing non-Christian religion. All Things Iceland. https://allthingsiceland.com/asatru-icelands-fastest-growing-non-christian-religion/

Chris. (2022, July 2). A Complete Guide to Norse Gods & Goddesses. Panorama. https://panoramaglasslodge.com/a-complete-guide-to-norse-gods-goddesses/

Christianity.com Editorial Staff. (2019, September 23). Who Are Pagans? The History and Beliefs of Paganism. Christianity.Com. https://www.christianity.com/wiki/cults-and-other-religions/pagans-history-and-beliefs-of-paganism.html

Dan. (2012, November 15). Seidr. Norse Mythology for Smart People. https://norse-mythology.org/concepts/seidr/

Death & the afterlife. (2021, October 25). Skald's Keep. https://skaldskeep.com/norse/norse-afterlife/

Death and the Afterlife. (2012, November 15). Norse Mythology for Smart People. https://norse-mythology.org/concepts/death-and-the-afterlife/

Death and the Afterlife. (2012, November 15). Norse Mythology for Smart People. https://norse-mythology.org/concepts/death-and-the-afterlife/

Eliade, M., & Diószegi, V. (2022). shamanism. In Encyclopedia Britannica.

Estrada, J. (2020, March 11). How to use oracle cards, the simpler-to-read cousin of tarot that helps you tap into your intuition. Well+Good. https://www.wellandgood.com/how-to-use-oracle-cards/

Fields, K. (2021, December 29). Norse Magic: Seidr, Shapeshifting, Runes, & More. Otherworldly Oracle. https://otherworldlyoracle.com/norse-magic/

Folkvang. (2016, July 6). Norse Mythology for Smart People. https://norse-mythology.org/folkvang/

Glossary of Frequently Recurring Terms and names. (2012, March 1). Romantic-circles.org. https://romantic-circles.org/editions/norse/HTML/Glossary.html

Greenberg, M. (2020, November 16). Seidr magic in viking culture. MythologySource; Mike Greenberg, PhD. https://mythologysource.com/seidr-magic-viking-culture/

Gregg. (2010, May 23). How To Take a Shamanic Journey. Warrior Mind Coach. https://www.warriormindcoach.com/how-to-take-a-shamanic-journey/

Groeneveld, E. (2017). Norse mythology. World History Encyclopedia. https://www.worldhistory.org/Norse_Mythology/

Hel (goddess). (2012, November 15). Norse Mythology for Smart People. https://norse-mythology.org/gods-and-creatures/giants/hel/

Hel (The Underworld). (2012, November 15). Norse Mythology for Smart People. https://norse-mythology.org/cosmology/the-nine-worlds/helheim/

Helms, M. F. (2012). Valhalla. Createspace Independent Publishing Platform.

History of modern Paganism. (n.d.). https://www.bbc.co.uk/religion/religions/paganism/history/modern_1.shtml

How to consecrate runes. (2012, October 22). Allegheny Candles' Blog. https://alleghenycandles.wordpress.com/2012/10/22/how-to-consecrate-runes/

Jessica, S. (2019, June 3). Norse mythology afterlife. Norse and Viking Mythology; vkngjewelry. https://blog.vkngjewelry.com/en/norse-afterlife/

Lachlan, M. D. (2011). Fenrir. Prometheus Books.

Mrs, B. (2020, August 13). Intro to bindrunes. LunaOwl. https://luna-owl.com/2020/08/13/intro-to-bindrunes/

Nikel, D. (2019, August 21). Viking Religion: From the Norse Gods to Christianity. Life in Norway. https://www.lifeinnorway.net/viking-religion/

Nine Realms. (n.d.). Mythopedia. https://mythopedia.com/topics/nine-realms

Nomads, T. (2019, December 1). How to Make Your Own Rune Set. Time Nomads | Your Pagan Store Online. https://www.timenomads.com/how-to-make-your-own-rune-set/

Nomads, T. (2020, October 8). Rune Magic 101: What are and How to Make Bind Runes. Time Nomads | Your Pagan Store Online. https://www.timenomads.com/rune-magic-101-what-are-and-how-to-make-norse-bind-runes/

Nordic Wiccan. (n.d.). Blogspot.com. http://nordicwiccan.blogspot.com/p/httpnordicwiccanblogspotcom201404glossa.html

Nordic Wiccan. (n.d.-a). Blogspot.com. http://nordicwiccan.blogspot.com/2014/06/rune-yoga.html

Nordic Wiccan. (n.d.-b). Blogspot.com. http://nordicwiccan.blogspot.com/2013/07/runic-yoga.html

Norse pagan definitions. (2020, May 15). Skald's Keep. https://skaldskeep.com/terms-defined/

Northern Tradition Paganism: What is Rökkatru? (n.d.). Northernpaganism.Org. https://www.northernpaganism.org/rokkatru/what-is-rokkatru.html

Northern Tradition Shamanism: Utiseta, Breath, and Mound-Sitting. (n.d.). Northernshamanism.Org. http://www.northernshamanism.org/utiseta-breath-and-mound-sitting.html

Oddities, O. (2019, April 24). How to make a bindrune. Oreamnos Oddities. https://oreamnosoddities.com/blogs/news/how-to-make-a-bindrune

Oertel, K. (Ed.). (2015). Ásatrú: Die Rückkehr der Götter (3rd ed.). Edition Roter Drache.

Pagan beliefs. (n.d.). https://www.bbc.co.uk/religion/religions/paganism/beliefs/beliefs.shtml

Pat. (2020, December 8). The viking self and its parts. Maier Files Series. https://www.maier-files.com/the-viking-self-and-its-parts/

Pat. (2020, December 8). The viking self and its parts. Maier Files Series. https://www.maier-files.com/the-viking-self-and-its-parts/

Rode, B. (2021, April 13). Meet your spirit guide. Phoebe Garnsworthy. https://www.phoebegarnsworthy.com/meet-your-spirit-guide/

Runer og magi. (n.d.). Avaldsnes. https://avaldsnes.info/en/viking/lorem-ipsum/

Runes. (2012, November 14). Norse Mythology for Smart People. https://norse-mythology.org/runes/

Runes. (2021, October 26). Skald's Keep. https://skaldskeep.com/norse/runes/

Runic Philosophy and Magic. (2013, June 29). Norse Mythology for Smart People. https://norse-mythology.org/runes/runic-philosophy-and-magic/

SACRED CALENDER of ASATRU. (n.d.). Odinsvolk.Ca. http://odinsvolk.ca/O.V.A.%20-%20SACRED%20CALENDER.htm

Sam, T. +., & Wander, T. (2020, November 25). Rune Meanings And How To Use Rune Stones For Divination —. Two Wander x Elysium Rituals. https://www.twowander.com/blog/rune-meanings-how-to-use-runestones-for-divination

Sarenth, /. (2011, February 1). Stadhagaldr and breathing the Runes. Sarenth Odinsson. https://sarenth.wordpress.com/2011/02/01/stadhagaldr-and-breathing-the-runes/

Sebastiani, A. (2020). Paganism for beginners: The complete guide to nature-based spirituality for every new seeker. Rockridge Press.

Seidr Cleansing Ritual. (n.d.). Heathen Designs. https://www.heathenbydesign.com/seidr-cleansing-ritual

Shamanism. (2012, November 15). Norse Mythology for Smart People. https://norse-mythology.org/concepts/shamanism/

Shelley, A. (2023, January 9). Futhark Runes: Symbols, Meanings and How to Use Them. Andrea Shelley Designs. https://andreashelley.com/blog/futhark-runes-symbols-and-meanings/

shirleytwofeathers. (n.d.). Runic postures. Shirleytwofeathers.com. https://shirleytwofeathers.com/The_Blog/magickal-ingredients/runic-postures/

Sister, W. (2016, July 19). How to work with your spirit animal: A total guide. The Numinous. https://www.the-numinous.com/2016/07/19/work-with-your-spirit-animal/

Skjalden. (2018, March 11). Völva the viking witch or seeress. Nordic Culture. https://skjalden.com/volva-the-viking-witch-or-seeress/

Stàdhagaldr. (n.d.). Blogspot.com. http://galdrtanz-runedance.blogspot.com/2013/03/stadhagaldr.html

Strmiska, M. (2000). Ásatrú in Iceland: The rebirth of Nordic Paganism? Nova Religio The Journal of Alternative and Emergent Religions, 4(1), 106-132. https://doi.org/10.1525/nr.2000.4.1.106

Tetrault, S., & BA. (2020, March 29). What's the Norse, or Viking, afterlife supposed to be like? Joincake.com. https://www.joincake.com/blog/norse-afterlife/

The Meanings of the Runes. (2013, June 29). Norse Mythology for Smart People. https://norse-mythology.org/runes/the-meanings-of-the-runes/

The multi-part soul. (2021, October 27). Skald's Keep. https://skaldskeep.com/norse/soul/

The old Nordic religion today. (n.d.). National Museum of Denmark. https://en.natmus.dk/historical-knowledge/denmark/prehistoric-period-until-1050-ad/the-viking-age/religion-magic-death-and-rituals/the-old-nordic-religion-today/

The Origins of the Runes. (2013, June 29). Norse Mythology for Smart People. https://norse-mythology.org/runes/the-origins-of-the-runes/

The Self and Its Parts. (2012, November 15). Norse Mythology for Smart People. https://norse-mythology.org/concepts/the-parts-of-the-self/

The Self and Its Parts. (2012, November 15). Norse Mythology for Smart People. https://norse-mythology.org/concepts/the-parts-of-the-self/

Time Nomads. (2020, October 8). Rune magic 101: What are and how to make bind runes. Time Nomads | Your Pagan Store Online; Time Nomads. https://www.timenomads.com/rune-magic-101-what-are-and-how-to-make-norse-bind-runes/

Unrau, B. (2008). Scrying. CaltexPress.

Útiseta: The Norse Shaman's Wilderness Quest. (n.d.). Shanegadd.Com. https://www.shanegadd.com/post/útiseta-the-norse-shaman-s-wilderness-quest

Valhalla. (n.d.). Mythopedia. https://mythopedia.com/topics/valhalla

Vanatru. (n.d.). WikiPagan. https://pagan.fandom.com/wiki/Vanatru

What Do Pagans Do? (n.d.). Pluralism.Org. https://pluralism.org/what-do-pagans-do

What is deep meditation? Techniques & experiences. (2017, August 28). Mindworks Meditation. https://mindworks.org/blog/what-is-deep-meditation/

What were the similarities and differences between Anglo Saxon Paganism and Norse Paganism? (n.d.). Quora. https://www.quora.com/What-were-the-similarities-and-differences-between-Anglo-Saxon-Paganism-and-Norse-Paganism

White, E. D. (2023). Paganism. In Encyclopedia Britannica.

Who were the Viking Gods? (n.d.). Twinkl. https://www.twinkl.co.uk/teaching-wiki/viking-gods

Wigington, P. (2007, June 28). Asatru - Norse heathens of modern Paganism. Learn Religions. https://www.learnreligions.com/asatru-modern-paganism-2562545

Wigington, P. (2012, June 5). The Nine Noble Virtues of Asatru. Learn Religions. https://www.learnreligions.com/noble-virtues-of-asatru-2561539

Yggdrasil. (n.d.). Mythopedia. https://mythopedia.com/topics/yggdrasil

Yugay, I. (2018, January 15). Deep meditation – connection with your soul. Mindvalley Blog. https://blog.mindvalley.com/deep-meditation/

Yule. (n.d.). Thetroth.org. https://thetroth.org/resources/holidays/yule

# Fuentes de imágenes

1 https://pixabay.com/images/id-6982525/
2 https://unsplash.com/photos/KnBHXJzqIRs?utm_source=unsplash&utm_medium=referral&utm_content=creditShareLink
3 https://commons.wikimedia.org/wiki/File:PhillippeJeanne.jpg
4 https://commons.wikimedia.org/wiki/File:Olaus_Magnus_-_On_the_Geats%27_Worship_and_Sacrifice.jpg
5 Happycheetha32, CC BY-SA 4.0< https://creativecommons.org/licenses/by-sa/4.0 >, a través de Wikimedia Commons https://commons.wikimedia.org/wiki/File:Ellegua.jpg
6 Immortality113, CC BY-SA 4.0< https://creativecommons.org/licenses/by-sa/4.0 >, a través de Wikimedia Commons: https://commons.wikimedia.org/wiki/File:Mt-olympus_gods.jpg
7 https://unsplash.com/photos/KnBHXJzqIRs?utm_source=unsplash&utm_medium=referral&utm_content=creditShareLink
8 https://unsplash.com/photos/KnBHXJzqIRs?utm_source=unsplash&utm_medium=referral&utm_content=creditShareLink
9 https://unsplash.com/photos/-G3rw6Y02D0?utm_source=unsplash&utm_medium=referral&utm_content=creditShareLink
10 https://commons.wikimedia.org/wiki/File:Odin_(Manual_de_Mitologia).jpg
11 Et2brute, CC0, vía Wikimedia Commons: https://commons.wikimedia.org/wiki/File:Nine_Realms.svg
12 Fotografía de Jónína K. Berg, CC BY-SA 3.0 <https://creativecommons.org/licenses/by-sa/3.0>, vía Wikimedia Commons: https://commons.wikimedia.org/wiki/File:Sveinbj%C3%B6rn_Beinteinsson_1991.jpg

13 https://commons.wikimedia.org/wiki/File:Oluf_Olufsen_Bagge_-_Yggdrasil,_The_Mundane_Tree_1847_-_full_page.jpg

14 https://commons.wikimedia.org/wiki/File:Walhall_by_Emil_Doepler.jpg

15 https://unsplash.com/photos/ie8WW5KUx3o?utm_source=unsplash&utm_medium=referral&utm_content=creditShareLink

16 https://unsplash.com/photos/ZOxkaXFvw6A?utm_source=unsplash&utm_medium=referral&utm_content=creditShareLink

17 https://www.pexels.com/photo/white-and-brown-ceramic-bowl-1793035/

18 https://www.pexels.com/photo/silhouette-of-person-raising-its-hand-268134/

19 Pious Shy Boi, CC0, vía Wikimedia Commons: https://commons.wikimedia.org/wiki/File:Runic_Square_Font.png

20 https://commons.wikimedia.org/wiki/File:Ing_bindrune.png

www.ingramcontent.com/pod-product-compliance
Lightning Source LLC
Chambersburg PA
CBHW051854160426
43209CB00006B/1297